理解儿童

生命重要的前三年

〔意〕西尔瓦娜·夸特罗奇·蒙塔纳罗 著

朱朝旭 译

创于1897 商務印書館 The Commercial Press

图书在版编目(CIP)数据

理解儿童:生命重要的前三年/(意)西尔瓦娜·夸特罗奇·蒙塔纳罗著;朱朝旭译.—北京:商务印书馆,2021(2025.7重印)
ISBN 978-7-100-19922-3

Ⅰ.①理… Ⅱ.①西…②朱… Ⅲ.①幼儿教育—家庭教育 Ⅳ.①G781

中国版本图书馆CIP数据核字(2021)第086883号

理解儿童:生命重要的前三年
〔意〕西尔瓦娜·夸特罗奇·蒙塔纳罗 著
朱朝旭 译

商 务 印 书 馆 出 版
(北京王府井大街36号 邮政编码100710)
商 务 印 书 馆 发 行
北京中科印刷有限公司印刷
ISBN 978-7-100-19922-3

2021年7月第1版　开本 880×1230 1/32
2025年7月北京第3次印刷　印张 7½
定价:48.00元

西尔瓦娜·夸特罗奇·蒙塔纳罗

西尔瓦娜·夸特罗奇·蒙塔纳罗（Silvana Quattrocchi Montanaro）是国际著名幼教专家、医学博士，还是国际蒙台梭利协会（AMI）的创始人。1955年，她应邀参与“幼教助理培训计划”，教授儿童神经精神病学、卫生和营养课程，自此开始了她60多年的职业生涯。她一生致力于传播蒙氏教育思想，对孕妇和0—3岁幼儿心理学颇有研究，学术造诣深厚，并藉此丰富了当代幼教理论。她积极推动国际蒙台梭利协会0—3岁儿童教育课程的规划和实施，培养出一大批幼教师资及相关人才。

蒙塔纳罗博士曾担任幼儿心理教育学教授，经常在欧洲、美国、墨西哥和日本主持研讨会，帮助父母和教育工作者提高对生命早期构建人格重要性的认识，潜心指导他们如何满足幼儿在生理和心理发育方面的需求。她善于与儿童和家长们进行各种形式的沟通交流，不断总结经验、研究著述，力求完美地诠释蒙氏的教育理念和教育精神。

蒙塔纳罗博士于2018年去世。为彰显她对国际幼教事业的贡献，促进幼教师资培训，国际蒙台梭利协会特别设立了蒙塔纳罗基金，拟将所有捐赠用于师资培训计划，以使更多有志者接受培训和让更多的适龄儿童接受良好的启蒙教育。

献 词

将此书献给所有父母——

儿童教育最早的启蒙者，

以及幼教助理和小学老师们。

他们能够为儿童营造环境并借此发挥其潜能，

或者误导和限制其发展。

儿童是一群了不起的人。

和他们一起生活

对于父母或者成人来说是非常宝贵的机会。

我们在服务稚嫩生命的同时，

也丰富了自己的生命。

1907 年 1 月 6 日

在罗马第一所“儿童之家”落成典礼，

同时也是主显节盛典上，

玛丽亚·蒙台梭利（Maria Montessori）引用

《圣经·以赛亚书》第六十章中的话：

“兴起发光！因为你的光已经到来……”

她觉得这段话开启了她的事业。

Silvana Quattrocchi Montanaro

西尔瓦娜·夸特罗奇·蒙塔纳罗

鸣谢

谨向凯伦和爱德华·渥黑斯（Karen & Edward Voorhees）

致以最诚挚的谢意，

他们给了我不少宝贵建议并参与了编辑工作。

没有他们的努力、耐心和支持，

本书英文版不可能付梓。

Silvana Quattrocchi Montanaro

西尔瓦娜·夸特罗奇·蒙塔纳罗

1990年11月于罗马

序言

促进每个儿童的心智发育，应给予他适当的人文关怀。关于这项非凡的任务，蒙台梭利如是说："这项使命在于让儿童成长为一个完整的人，以实现自我。由此可知，儿童才是成人之基。"

为什么说理解儿童至关重要

玛丽亚·蒙台梭利在她1948年出版的著作《发现儿童》中把儿童称作未被理解的人。她说得非常有道理。即便现在精神分析学、心理学、精神病学和儿科学经过这么多年的发展，我们看到这些学科依然没有得到整合，也没有对人类教育产生任何重大影响。

儿童，尤其在生命最初的三年，还处在未被理解的状态，尽管我们很清楚这几年是他人格发育最关键的阶段。其间他主要接受父母（或者家庭其他成人）的教育。当父母工作时，他被送到专门的机构照看，而这些机构的人员常常未经必要培训，难以承担重要的教育任务。

毋庸置疑，家庭是保障儿童顺利成长的首要因素，因此父母应当明白，他们手中握有能够使儿童快乐、全面和健康成长的钥匙。

促进每个儿童的心智发育，应给予他适当的人文关怀。关于这项非凡的任务，蒙台梭利如是说："这项使命在于让儿童成长为一个完整的人，以实现自我。由此可知，儿童才是成人之基。"

出生时，我们就已经开始将自己塑造为人，认识这点是很重要的。而且我们每个人都有完成这项任务的潜能。埃里希·弗洛姆（Erich Fromm）说："人的一生不过是一个孕育他或她自己的过程。实际上，只有当我们死亡时，整个生命的过程才算结束。"

然而，如果我们的教育过程需要花费一生时间，那么对象越年幼，该教育便越重要。严格意义上讲，人生最初的几年是奠定人格基础最紧要的时期。

在这种情况下，我们要给儿童提供有益的帮助，光凭良好的愿望和工作热情是不够的，还需要掌握准确的信息。

只有对儿童的真爱，加上科学知识，才能真正开创"新教育"，从而有助于人的成长，为其迎接新世界做好准备。我们的世界随处可见强大无比的科技力量，如果利用得当，可以使人类获得真正的进步与和平。通过恰当的方式帮助儿童，我们能够对这种进步做出贡献。

蒙台梭利在谈到教育时使用了"生命助力"的概念。为此，教育工作者要认识到自己的角色及教育手段的重要性和局限性。

本书旨在增进对从出生前到3岁这个阶段的儿童的了解，以便在生命之初就能给他有益的帮助。笔者在书中将会谈到最新的科学发现，同时运用多年来积累的对父母和儿童的第一手的观察成果。

为方便叙述，全书把母亲作为照看儿童的主要责任人，尽管父亲和无亲缘关系的成人也可以是主要责任人。此外，笔者将用“他”统称儿童的性别归属。

更好地了解儿童也是了解我们自己和周围环境的最好方法，所以我们要清楚人所处环境的大框架是什么，这就是人生规划。每个人内心深处都蕴藏着丰富的想法，但只有在环境框架内并且借助于环境才能实现。

但每个环境中都有一些具有影响力的人，因为只有他们能够改变环境，使环境有利于生命的发育成长。

笔者深信，每个人的转变与其最初接触到新信息时的初始状态有关，即从接受信息到吸收和理解信息。这种新认知使内心世界发生变化，进而又促使外在行为发生变化。知识、理解和变化，通过教育过程成为生命的助力。

蒙台梭利于1931年在罗马的一次讲演中说：“要了解儿童，然后对他施教，我们首先应全面认识生命本身。”

教育是一种人际关系。与儿童建立关系给予我们特殊的机会完善自我，更广泛地认识现实世界。这样我们才可突破局限，提高参与生命成长的能力。

儿童具有非常大的身体和智力潜能，是展现在我们面前的奇迹，尽管最近几十年我们才认识到这一点。我们应当将此新认识传递给所有父母、教育工作者和其他对儿童教育感兴趣的人，因为从生命之初开始的教育确实能改变当前和未来社会。与此同时，教育工作者切记，开发人的潜能不由我们自主决定，我们只能“服务”于儿童成长，而成长发生在特定环境中，这里存在着主导每个人正常生存的法则。所以每个人的成长都应当与周围的世界和整个宇宙保持和谐。

教育的主要目的是帮助人认识自己是谁、应当做什么，以便促进成长，实现自我价值，改善自己的生活和环境。鉴于此，本书的几个基本观点阐述如下：

1. 每个人生来就有巨大潜能。

2. 每个人都有神奇的自我调节机能，但是这些机能往往因为我们对关键过程的干扰而暂停工作。

3. 每个与儿童关系密切的人都很重要，都能成为“教育者”，因为当他知道该做什么的时候，他就能帮助儿童成长。

4. 0—3 岁是儿童身心需要均衡发育的阶段，因为此后整个生命历程都将取决于他在这个最初阶段的发育质量。

5. 教育被认定为生命助力，必须始终与历史和未来相呼应。我们置身于所谓生命进化的大实验中，它已经过了大约 50 亿年。整个进化史在个体发育中得到重现，也就是说，个体进化浓缩再现了人种进化。

我们将在本书中探讨人发育的不同阶段，借助各类人文科学知识努力理解它们的意义。科学告诉我们，生命力不会终止，但会出现偏差，转变成身体和精神疾病。为了避免这类负面结果，我们要对作为教育对象的儿童以及其超凡的能力有正确的认知。

了解儿童应当成为我们兴趣的核心，也是新式教育得以使人在情感、智力和道德方面高水平融合发展的基础。

凭借对生命的挚爱和对儿童更深入的了解，我们能够实现蒙台梭利在20世纪初推动的科学教育。现代科学越来越证明这种教育对人全面实现自我是有效的和正确的。

目录

第二部分
为孩子做的每件事都是教育

第三部分
人的全面发展

第一部分
教育是生命助力

教育工作者的基本理念：不要成为儿童成长中的障碍。——玛丽亚·蒙台梭利《家庭中的儿童》

教育是生命助力

第一章
胎儿的身心活动

“心理活动在胎儿期就有了，对此我们似乎感到有点意外。也许很难准确定义什么是“心理活动”。一般认为“心理活动”可以是任何接收信息、予以回应、积累经验和适时反应的能力。

概述

为了更好地了解人类，科学研究逐渐回溯至生命初始时期。先进技术使我们能够探究隐藏在母体子宫内的生命，获得不少有趣的发现。如今我们把这个时期视为个体生命发育中最重要的阶段之一：其间发生的事情可能对人的生命产生或短暂或长远的影响。

受孕和怀孕构成我们人生的第一篇章，这段时间持续280天左右，其环境与我们出生后的截然不同。但是即便在如此特殊的环境中，仍然有很多互动的机会，有可能启动谓之“生命助力”的教育。

从一开始，胎儿表现出勃勃生机，主动寻求可以帮助其身心发育的各种刺激。

莱妮·施瓦兹（Leni Schwartz）在她的著作《胎儿世界》中强调了胎儿期的重要性，说明这个时期的体验对今后整个人生有多么大的影响。为此，我们要尽量避免这样的认识，即胎儿出生前是平淡无奇的，此时绝对安全，问题只在出生后才会显现。与其他生命时期一样，孕育中的生命其实也受到各种正面和负面因素的影响。

当我们意识到怀孕时，已经离生命真正的起点过去了好多天。这个“人”用 3—5 天时间从输卵管游到子宫；与子宫壁结合着床后，他与环境，也就是母体，建立了一种精密复杂的主动关系和沟通系统。如此形成的“新人”有一颗小心脏，保障血液循环，与母体共享的血液为维持幼体生命提供必需的氧气和养分。这样至少要经过 2 周，直到怀孕的第一阶段，即胚种期结束。而后进入胚胎期，胎儿身体各部分迅速发育，这么重要的任务只需 8—10 周的时间便大功告成！

生理和心理同时出现迅猛发育的态势，最不寻常的现象莫过于记忆力，它从受孕开始便存在并一直发育，伴随着神经系统成熟。

心理活动在胎儿期就有了，对此我们感到有点意外。也许很难准确定义什么是“心理活动”。一般认为“心理活动”可以是任何接收信息、予以回应、积累经验和适时反应的能力（不论复杂程度如何）。

我们必须承认，所有生物都有这种能力，只是心理活动的量和质不同罢了。

> 例如，我们很清楚单细胞生物能够获取信息并传递给后代！植物也能感受到它们周围的人，而且喜欢听古典音乐（它们讨厌摇滚乐！）。

还有很多常见的生物学现象与维持生命有关，如免疫力、组织修复能力，这些现象说明我们身体里的每个细胞具有多么超凡的灵性。对于科学家来说，越来越难以把生理因素和心理因素区分开。就人而言，这个问题可以通过区分心理和意识得到澄清。仅有很少精神活动是有意识的，其余的属于心理范畴，表现为外在的生理活动，如肌肉运动以及呼吸和心跳变化等。

我们将在下文进一步说明这种区别，探讨神经系统的发育问题。

有趣的神经系统

生命只在某些环境中才能存在。与环境建立联系，生物体需要探知、反应和谋划。生命在我们这个星球已经有 50 亿年的历史，其间不断完善，无论是数量方面还是质量方面。生物体变得越来越复杂，以获取更好的信息和得到更强的适应力。功能各异的新细胞相继出现，承担更加特定的任务；不同的组织也在进化中，如神经、骨骼、肌肉等。

哪怕是单细胞生物对环境也会有最起码的感知和反应。由于生命变得更复杂，我们的神经系统也随之变得更复杂，这个过程包括三个主要阶段（又称“三脑理论”，[1] 由保罗·麦克莱恩提出，见图 1）。

我们一定记得，生命起源于单细胞生物，然后逐步发展到复杂的人类。在个体生命中，我们每个人都重现了整个生物进化史，即我们开始于受孕时的单细胞。神经系统的进化就是不断发育、扩展和功能细化的过程。在此过程中，我们可以清晰地区分出三个相互重叠的进化阶段，每个阶段体现我们人格的不同特质：

1. 与爬行动物阶段（2.3 亿年前）相关的特质是一些最古老和最基本的，包括自我保护本能、自我意识、领地防卫和隐蔽的需要。

2. 与较低级哺乳动物阶段（1.3 亿年前）相关的特质，包括社会意识、相互关系、归属感、照顾后代、关心同类以及比个体更重要的群体安全感。

3. 与较高级哺乳动物阶段（4000 万年前）相关的特质，包括灵敏的感官辨别力、对外部环境的特别观察力、较长的幼

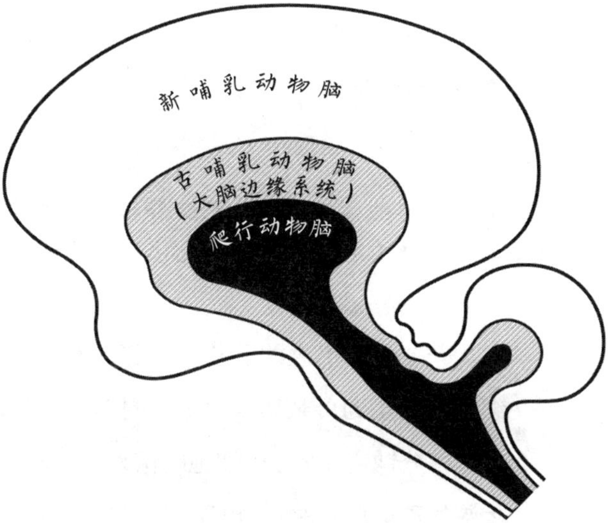

图 1 保罗·麦克莱恩（Paul MacLean）的“三脑理论”

儿期、理性思考能力以及用创造性方式解决生存问题的能力。

最终，当人类诞生的时候（仅仅100—200万年前），大脑皮层进化到需要反复折叠才能被包裹在头颅里，其前端尤其发达，借此我们可以进行理性思维，理解空间和时间，进而能够预测未来和追忆过去。50亿年的生物进化成果浓缩于我们的神经系统。尽管我们有上千亿个脑细胞，但是只使用了其中的2%—4%，由此可知我们拥有无比的潜力。令人警醒的是，我们的大脑有这么强的能力，却没有得到充分利用。

有鉴于此，我们可以将解剖学和生理学与教育联系起来，因为刺激神经系统发育和促进人类成长及进化的一个重要因素是其所处的环境。大脑各部分不仅应在刺激作用下正常工作，而且还要和谐地一起工作：这就是所谓“整合”。所有这些都发生在生命的最初几年，此时的教育恰逢其时。更要清楚地认识到的是，我们目前的生活和工作水平远低于我们大脑的潜能。发挥潜能的唯一途径就是自生命之始便营造一个更好的教育环境。

> 如此重要的神经系统是胚胎和胎儿在被孕育期间发育最快的器官。这是婴儿头部的体积总是比身体其他部位更大的原因。

一个足月出生的婴儿，头部占其身长的四分之一。神经细胞的数量到母亲怀孕第七个月时达到峰值。大脑在胎儿阶段以每分钟增加2万个细胞的惊人速度发育。孕期最后3个月，大脑的重量每分钟增加整整2.2毫克！

> 约翰斯·霍普金斯大学的生物物理学家马库斯·约翰逊（Marcus Johnson）说："我们的大脑是一件完美的工具，能够将人带到任何地方，还能够予以我们一个远超想象的更加丰富的生活。"

我们只需要采取一种更科学的教育方式，便能更透彻地理解这一点。

胎儿丰富的感官体验

子宫里的胎儿没有任何感觉，这种看法现在已经被完全摒弃了。胎儿是生物体，不断与环境接触。大脑迅速发育，控制着同样在发育着的感官，依次为触觉、嗅觉、味觉、听觉和视觉。

对新生儿最新的研究表明，所有感官在孕期就得到使用，胎儿为今后在环境中的活动做准备。出生前漫长的时间里，不仅胎儿的体重和体长迅速增加，而且各感官功能也迅速成熟。

这里有必要描述各感官的发育情况。

1. 皮肤

这是第一和最重要的感官，在孕期的 7—8 周后成形。触觉是人感知自我和周围环境第一和最重要的信息源。

当我们观察胎儿周围的羊水、胎动、脐带和小手靠近嘴巴时，触觉显然在被持续刺激，与环境发生关系。触觉作为一种沟通方式，能够界定彼此关系。即便所有其他沟通方式还不存在或者失效时，触觉仍可帮助我们与环境沟通。触觉刺激带来的快感将伴随人的一生。

> 值得注意的是，触摸始终意味着被触摸，这始终是一种互动并具备建立关系的可能性。此外，触摸还总表现为某种程度的情感。

弗兰斯·维德曼（Frans Veldman）是设立在荷兰的触觉沟通研究所的创始人。他建议准父母们用手抚摸孕妇的腹部，在上面稍施压力。从第四个月开始，会发现胎儿通过肢体活动做出回应。怀孕期间，每天重复这样的动作会激发父母对子宫内胎儿的情感以及胎儿的“产前情感依恋”，由此奠定他出生后情感关系的基础。他大脑里储存着不断接收到的和所期待的正面信息。

2. 嗅觉

孕期第二个月开始起作用。许多来自母体食物的物质进入羊水。这些物质在胎儿体内形成嗅觉记忆，有助于孩子在日后断奶期内接受相应食物。

3. 味觉

孕期第三个月开始活跃起来。实际上，甜味或者苦味物质进入羊水后，可以促使胎儿用嘴吞咽，做出苦相或者扭动身体，以表明他能够区分不同味道。羊水中有些味道直接来自母亲吃的食物。例如印度婴儿能够辨别出咖喱味，而法国南部的孩子对大蒜味很敏感。与生俱来的味觉记忆便于他们不久后接受所在环境提供的食物。

4. 耳朵

其结构在孕期第二个月到第五个月间发育成形。音叉发出的声音可以加快胎儿的心跳。需要重视的是，出生前胎儿的听觉会受到很多声音的刺激，无论该声音是来自内部还是外部的。有的声音一天24小时都有，如母亲的心跳和呼吸声，其他声音则视生活习惯和环境有所变化：父母说话声、音乐声、交通声等。在日本做的研究表明，如果母亲怀孕期间住在大阪机场附近，新生儿出生后可以在飞机轰鸣中入睡，但其他孩子却讨厌噪声干扰。

胎儿了解母亲说话时的节奏特点，从某种意义上讲，他开始学习语言了！

> 怀孕时给胎儿唱歌也很重要。母亲可以专为胎儿选一些有特点的歌。这些歌会被胎儿记住，并且对其出生后的镇静和抚慰大有裨益。

生活在法国皮蒂维耶市的音乐家玛丽·路易丝·奥谢（Marie Louise Aucher）帮助准妈妈们体验所谓“孕期歌唱法”。她说，声音不仅被耳朵听到，整个身体也在听，这是声音振动可以给胎儿力量，有利于保持神经生理平衡的原因。腿部

图 2　在胎儿期聆听优雅的音乐。

和骨盆能感受低沉的声音，而胸部、手臂和头部主要感受高亢的声音。“心理语音”实验证明，出生前经受过类似声音刺激的孩子，其腿部和臂部的活动能力更强（见图 2）。

对胎儿说话和给他唱歌同样重要。这种刺激就像给大脑和身体做按摩。母亲也从歌唱中受益，锻炼横膈膜以及所有胸部和骨盆肌肉，正是这些肌肉在分娩过程中发挥特殊作用。

5. 眼睛

在孕期第四个月即长成，所有光感受器在出生前发育完毕。子宫不是想象的那么黑暗，透光度随着气候和母亲生活习惯而变化。毫无疑问，胎儿期存在视觉刺激因素，胎儿会主动寻找光源。

胎儿的自我认知

我们刚刚描述的各种丰富的感官体验为发育中的胎儿提

供了不少有关他自己的信息，帮助他建立“身体图像”。这个图像来自对整个三维身体存在的直接感受，不仅显示身体形状，还告诉我们其各部分之间的关系。勾勒身体图像时，我们利用触觉和自我意识始终掌握诸如体重、体温、姿势和体积等信息。了解身体图像之后，我们便能着手界定身体界限，将身体与外部环境区分开。由此，我们确定了生命在三维空间中的基本状态，从而为其在这个空间中活动打开通路。

确定胎儿身体图像的关键因素有不少，包括羊水量（可以有很大差别）、脐带长短和位置、胎儿肢体活动情况（尤其是手）以及母亲子宫壁的感觉，还有她的生活方式给胎儿的不同感受等。

有趣的是，从胎儿开始，人在空间里的活动就打上了个性的烙印，这对今后实现必要的分离有很大帮助。

> **胎儿越是能体验到自己与环境不同，今后就越能在一个共享的环境中成长为独立的个体。**

孕期中的母子关系

现在让我们从母子特殊关系的角度观察怀孕过程。他们虽然生活在一起，但是由于不同的生理和心理特点，彼此可能存在很大差别。

生理因素很容易理解，包括母亲的年龄、健康状况、摄取食物的质和量、她所呼吸的空气等，都会对胎儿生理发育的环境产生影响。相反，心理因素却不那么容易理解。

在这个人生的特殊阶段，一个人（胎儿）待在另一个人的容器，即母体内。为了使胎儿心灵正常发育，活着的容器——孕妇必须心甘情愿地接受他。英国精神分析学家比昂（Bion）把这种关系称作“欢乐聚合”。这种情形被描述为孕期内“基本母性信任”。当此信任传递给胎儿，便成为他发育的一个条件和激励因素。

> 在这种情形下，所有感官体验和情绪表现都能得到处理并转化为心理信息，然后被储存在记忆中，正所谓“学习”。胎儿通过这个过程开始思考。

但是当“容器”和胎儿在孕期内处于“基本不信任”状态或者前者无视后者存在，从情感上与之分离时，他们的关系就截然不同了，比昂谓之“寄生关系”。胎儿的所有体验得不到处理，所接受的刺激和感受也不能转化为心理信息。他不能理解它们或者不能将其纳入自己的心理记忆。这些体验就像未被消化的食物，不被吸收，只会引起心理混乱，与胎儿的全面发育背道而驰。生命中的情感和认知要素相互分离，整个心理发育过程受到极大干扰。

从孕期的母子关系，我们可以清楚地看到“人为介入”的重要作用，所有生理和心理生命都要经过这样的介入。只有当环境有助于直接和持续地接受介入时，生命才更加人性化，其质和量才能提高。

此时，母体环境对母子二人来说都是有利的。胎儿得到了一个可以通向认知的功能性心理模型。意大利精神分析学家佛朗哥·福尔纳利（Franco Fornari）说，母亲把胎儿尚不能自主转化的体验当作自己的予以接受，帮助和“救助”他。

在生理方面，母亲要完成同样的任务，即去除二氧化碳和其他有毒物质，使胎儿在适宜的环境中发育。怀孕期间，除非经由母体，任何东西都不能侵入胎儿。这种关系是新生命孕育中最重要的因素之一。

胎儿具有各种情感、学习能力以及许多不同的行为方式。研究这 9 个月中发生的事情有助于我们理解为什么不少问题在他出生较长时间后才暴露出来。

精神病学家莱斯特·桑塔格（Lester Sontag）花了 30 多年时间研究孕期生活对孩子日后行为的影响。他观察过很多孕妇负面情绪所造成的恶果，并且注意到她们的孩子可能更易怒或者过分好动，还可能引起进食和消化方面的问题。今天我们已经非常认可这样的事实，即孕妇的情绪可以改变其体内的生物化学特性，会短期，甚至长期对孩子产生影响。最近这一研究领域引起心理学家们的关注，一个新的细分学科——胎儿心理学就此诞生。

> 孕期内神经系统快速发育，说明胎儿生命充满活力，同时表明其大脑能够接收和储存各种体验，而这些体验将影响他出生后的生活。

> 掌握胎儿心理学对于准父母们来说十分重要。他们几乎从受孕时便能帮助孩子，努力为他的发育营造更好的环境，随即扮演教育者的角色。

我们与孩子的互动从一开始就非同小可：家庭及其成员都在这儿了，他们可以互相帮助，提高生活质量。每次怀孕都使父母有机会审视他们既有的生活方式，尝试改善，目的是尽其所能地帮助新来的家庭成员。能够送给孩子们的最好的礼物就是充满爱的关系。人生中一个永不改变的事实就是，爱是人的一种基本需求！

胎儿的不同意识状态

作为人，我们至少体验到两种不同的意识状态："睡眠"和"觉醒"。除此之外我们还做梦。梦境中，我们的眼球快速转动（简称 REM 周期）。我们有大约四分之一的睡眠时间是在梦中度过的。REM 周期每 90 分钟出现一次，持续 15—30 分钟。

睡眠和做梦对生物体来说不可或缺，否则意味着死亡。大量的精神活动在睡眠和做梦时依旧持续，从大脑用氧量的增加便可知其所以然。我们每天的所有感受都会被综合处理，所有个人"程序"也会根据白天接收到的新信息进行修正。早上醒来的这个人异于前一晚睡觉的那个人。

这些不同的意识状态究竟如何影响胎儿呢？

一项用精密仪器进行的研究表明，胎儿的 REM 睡眠状态从母亲怀孕 7 个月末（28—30 周）便开始了。大约 32 周时，胎儿 70% 的时间处于这种状态。到孕期末，REM 睡眠状态占 50% 的时间，其余为无梦睡眠状态和觉醒状态。

胎儿为什么要用这么长时间做梦呢？REM 睡眠状态是已经发育完成的神经系统内在刺激过程。在这种状态下，眼部肌肉、心脏和其他器官剧烈活动，血压也会升高。另外还出现一种急促呼吸（未吸收羊水）并伴随着一些动作，这一切都是胎儿为出生后直接使用新方式呼吸所做的准备。他要迎接即将到来的新生活，不浪费孕期的宝贵时间。

胎儿会梦见什么呢？福尔纳利说，胎儿做梦活动是利用神经能产生光，而非影像。但是我们对此认识还不够充分，不能肯定这种说法。尽管如此，想到胎儿用这么长的时间看自己的“内部电视”，着实令人惊讶！

为出生做准备

为出生做精心准备是十分重要的，尽可能保证顺利渡过难关。胎儿具有一个思虑周全旅行者的所有特征，他希望到达一个新地方，那里为他在新环境中生活配备好了一切可用的东西。胎儿在生理和心理两方面表现出不可思议又异常精准的智慧力，能够判断出他旅行的“日期和路线”。

到孕期第七个月末，胎儿的发育水平已经允许他在母亲子宫外生存了（不借助专门的技术手段）。确切地说，他从这个时点起“准备行囊”。以下是相关佐证：

1. 胎儿开始积累来自母体的抗体，因为他“知道”外面有微生物和细菌。

2. 胎儿储存铁元素，因为他知道奶是他未来许多时日中唯一的食物，可是奶缺乏产生红细胞所需的铁元素。

3. 胎儿的头位向下转动，以便更好地对准产道。

4. 大量的脂肪堆积在皮下，为胎儿从恒温环境转换至温度变化的大环境做准备。

5. 胎动变得更剧烈、更频繁。孕期的最后阶段，子宫体积大大增加。所有这些都促使孕妇将注意力集中在胎儿身上，提示她孩子就要降生了，她应该调整好自己，做好迎接准备。

6. 胎儿的睡眠周期更接近母亲的活动节奏，他希望适应我们昼夜交替的时间体系。

想到胎儿后期生活中发生的各种事情，我们不得不佩服他为自己在生理和心理方面所做的高智能准备。我们应该有意识地采取一切必要措施，确保胎儿从内部生活转换到外部生活时其发育过程的连续性。正是胎儿自己在为这个重大转换做打算，他会发现周围所有人（母亲、父亲、医生、护士等）已经安排妥当，随时满足他的需要。

我们，尤其是父母们，必须了解胎儿生活的丰富性和复杂性。有了这样的了解和对孩子的关爱，我们才能为重要的降生时刻做好准备。

教育是生命助力

第二章
出生后的重要事情

“新生儿一旦降生，我们要尽可能地尊重他的基本参照点并使它们延续下去，这一点非常关键。所有在产房里或者与新生儿接触的人都应当了解这些特定要求。如果我们不认真考虑与出生有关的这么重要的事情，日后可能导致孩子在生理和心理上出现病态反应。

生理变化与心理调节

前一章提到，我们需要从生理和心理两方面为分娩时刻的到来做精心准备，直到怀孕末期胎儿能够接受环境变化。每次渐进式变化都为更好地发育创造了条件。其实，没有变化，生命就没有进步。分娩为胎儿的体验提供了更广阔的舞台，也使他与母亲建立一种不同且更直接的关系。

将分娩分成两个阶段便于我们理解这个特殊时刻发生的所有事情：

1. 母亲和胎儿身体内发生的生理变化。
2. 为顺应生理变化和维持发育而进行的心理调节。

母体内的生理变化几乎不易被察觉，直到开始宫缩。这时临产征兆明显并反复出现，容不得半点疏忽。此时此刻，孕妇明白她该决定必须做些什么了。

有的孕妇打算以自然方式分娩。接受慢慢长大的胎儿从自己的体内分离出去，会让孕妇在心理上产生如释重负的感觉，这对母子二人都有好处。孕妇满心欢喜地期待执行如此重要的任务，她的肌肉因此会放松，不致对宫缩造成不良影响。这种心态促使分娩最初阶段的宫口扩张期缩短，减少疼痛感，避免胎儿窘迫（血缺氧）及相关恶果。

有的孕妇对分娩准备不足，心存恐惧，有意无意地抵触，使身体处在非常不利的状态，肌肉变得紧张，特别是子宫下部，因此宫口扩张时间延长，疼痛加剧。胎儿要靠自己的努力脱离母体。这时需要借助更多的医疗手段干预，因为产妇不能正确配合。

> 母子关系的不和谐会在生理和心理两方面使分娩成为痛苦的经历。胎儿经受长时间分娩，随之与母体分离，这种体验将妨碍他顺利地从产前生活转换到产后生活。

胎儿独自经过产道从母体内到母体外。如果他同时体验到生理上的痛苦，他会认为新环境不欢迎他，由此让他失去继续生活和成长的良好愿望。重要的不是胎儿在产道里遇到困难，而是他面对困难的方式。在母亲的支持和帮助下，新生儿有充足的力量参与完成生产任务，这将有利于他今后的成长。

生产过程对于母子二人可以是有益的。结束时，母亲终于见到自己的宝宝，能够看见、触摸和与他说话，反观新生儿也能感受到他长期以来熟知的人就在身边。地点变化，人却相同。现在两个伙伴以一种更好的方式相聚在一起，继续分享所有重要的生活体验。

新生儿的特别记忆

如果我们注意到新生儿在出生前已经建立了那么多的参照点，就能更好地理解持续体验对他来说有多么重要。

“参照点”是指与孕期发生的事情相关的特别记忆。有些涉及母亲，如心跳、声音（见图 3）；有些属于胎儿，如用手触摸嘴和脸、肢体活动（见图 4）。这些记忆帮助新生儿顺利进入新环境并使他更容易熟悉新环境。参照点是出生前（在母体内）和出生后（在母体外）两个时期的连接点，意味着情境虽然变了，但是同一生命仍在继续。即便出生时很多事情变化得太快，参照点依然能给予孩子安全感。

新生儿一旦降生，我们要尽可能地尊重他的基本参照点并使它们延续下去，这一点非常关键。所有在产房里或者与

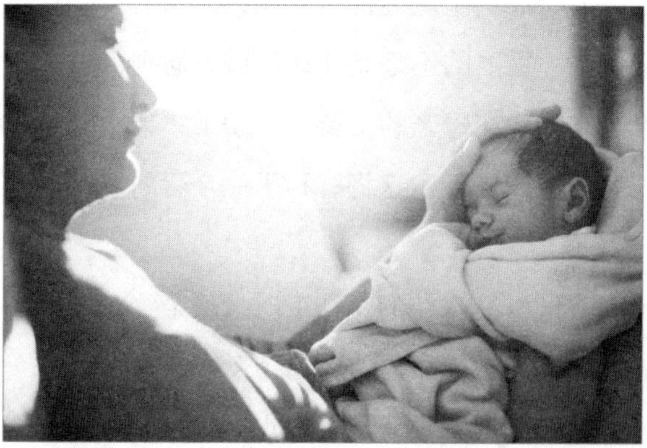

图 3　对于出生后 14 个小时的新生儿，母亲的声音是一个重要参照点。

新生儿接触的人都应当了解这些特定要求。如果我们不认真考虑与出生有关的这么重要的事情，日后可能导致孩子在生理和心理上出现病态反应。

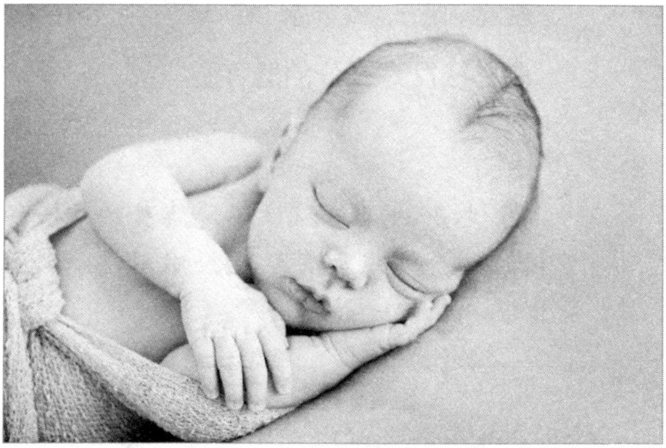

图4 新生儿用手触摸自己的脸，体验到一个重要的个人参照点。

玛丽亚·蒙台梭利在她的著作《吸收性心智》中让我们关注这个问题，建议为此安排专人。她把这个人称作“幼教助理”。这位科学家很多年前预见到今天的妇产医院会改变对新生儿护理的看法。她曾经论述过提供这种帮助的“社会价值”，也就是避免将自然出生的过程变成损害生命的过程。

分离与依附

出生的确是一个与以前生活状态相分离的痛苦过程，但绝对必要。出生前的某个时刻，胎儿用完子宫内所有资源。胎盘不可能再生长，所提供的血量也不足以维持他发育。他必须寻找更广阔的空间，在那里获得更多的氧气，从而使他的所有感官体验变得更丰富、更完全。出生正好提供了这样的机会。

胎儿带入这个新环境的只是他自己和对以往生活的记忆。所有原来在子宫里面必不可少的东西到了外面却根本用不上。胎盘、脐带、羊水在新环境中无用武之地，它们的功能被孕期已经发育充分的器官所取代。

> 出生是一次与以前环境决裂的重大分离。然而当我们认真审视时，会发现大自然已经做好安排，让生产变得顺利，特别突出它积极的一面。

出生的关键在于母亲，通过她可以成功实现胎儿生活状态的转换。实际上所谓“分离”只有当胎儿出生时未得到恰当助产时才会出现。

每种哺乳动物从子宫出来后都能立即找到妈妈，依偎在她身边。她的体温和身体发出的声音是幼崽对新环境最初的感受。有的母兽生下幼崽后还要舔它的皮肤。出生后的最初几个小时，幼崽依附母兽，很长时间后母兽才离开幼崽，去寻找食物。

最初的感受使幼崽安心，因为它就在母兽身边，而且可以继续保持与后者的优先关系。在母兽扶助下，幼崽会探索新环境，发现和关注生活中所有新鲜事物。

我们为什么不能为人类的新生儿保留这一切呢？

我们为什么忽视给新生儿在子宫外生活创造一个积极的开端呢？

我们怎能以为人类新生儿比其他哺乳动物幼崽需要更少的帮助呢?

出生时，母婴关系必须得到保护。这种关系既是生理的，也是心理的，对双方都十分重要。只有这种关系才能将出生时的分离转变为新的依附，虽然方式不同，却重现孕期的基本特征——和谐共处。如果能够避免外部不当干扰，这种依附会变得自然且容易。母亲渴望看见、触摸和搂抱孩子，而后者则愿意被母亲触摸、搂抱和接纳。双方希望待在一起，何况只有母亲能够给孩子提供合适的食物：哺乳动物的新生宝宝只能靠母乳生存，因为这是他们出生的最初几个月里能完全消化的食物。

生命因其完美和智慧将出生的分离直接转化为新的亲情关系，这对母子二人来说裨益良多。

“体外怀孕期”的概念

母子需要待在一起继续共同生活，因为经过 9 个月的孕期后，新生儿还没有为独立生活做好准备。他不能吃成人食物，也不能自主活动。这种不寻常的情况需要引起成人的注意。如果父母能够更好地理解，他们便会从一开始就对孩子做正确的事。爱和知识可以再次助力人的“正常”成长。

从动作协调的角度看，婴儿还不成熟，需要 8—9 个月的时间才开始爬行，到离母亲远些的地方。与此同时，他能够吃喝和消化新环境提供的食物了。从某种意义上说，至少在生物学的范畴，孩子能够离开母亲生存了。

实现这个重要目标所需要的时间与胎儿存在于母体内的时间相当。因此出生后的 9 个月可以被称作“外部妊娠期”或者“体外怀孕期”。

我们会自问，为什么人类的胎儿尚未做好充分准备就离开子宫去外界生活呢？答案与人硕大的大脑皮质有关。9 个月后，胎儿的头部接近母亲骨盆大小，由于这个重要原因，他必须出来。

这似乎是一个不利因素，尽管为“二次怀孕”创造了宝贵机会。此次母亲的臂弯成为容器，她的胸部相当于胎盘和脐带。除了非常明确的生理需求外，体外怀孕还有一个关键的心理原因。

> 当新生儿继续受到母亲的庇护时，他能够进入并融入一个更广阔、更丰富的人文环境，接受更多刺激和开发自身潜能。

孩子的大脑开始更直接地吸收来自外部环境的信息，以一种更具活力的方式不断接受训练。

唯独人类能够靠两条腿直立行走和使用语言。只有亲自实践才能获得这两种独特的能力。倘若孩子没有机会观察别人行走、听别人说话，他永远不可能在动作技能方面超越一般哺乳动物，也不可能使用神奇的发声系统说出人类语言。这样的孩子就如同一个拥有华丽钢琴却从来不学弹奏的人！

正因为如此，我们应当把产后最初 9 个月当作体外怀孕期，即之前体内怀孕期的延续和补充。在这个阶段，母亲依然帮助孩子，引导他进入新世界，协助他掌握所有人可习得的专门技能。

只要有一位成人出于保护孩子的目的准备“助力生命”和提供一切有利于他成长的必要条件，那么生命就会延续，无论在生理意义还是心理意义上。

正如蒙台梭利所说，从出生即开始的教育是必要的“生命助力”。

新生儿的无助意味着什么

孩子在还没有获得独立活动能力时就要离开子宫，这是生理原因使然。他的大脑发育得太大和太快，以至于头部增大，迫使他必须在母亲怀孕 9 个月后出来，否则再待下去，头部便不能通过产道。

如果我们从人的成长的角度观察这一现象，会在心理发育方面找到其他有趣的解释。

在一段相当长的时期里，孩子需要至少一位成人给他提供食物，为他遮风挡雨。成人还要照料他，解决他在新环境中的交通问题，对此他自己无能为力。

> 出生后，新生儿只能以哭的方式寻求帮助，而且只有获得外界反应后他的需求方能得到满足。他的哭声在父母的脑海里产生特别共鸣，一般会刺激他们尽可能地满足他的需求。

母亲尤其熟悉幼子求助的哭声，这是为什么她会赶紧跑到他身边，把他抱起来，和他说话，为他做其他许多事情。帮助新生儿的需要会立即产生大量的人际沟通和互动行为。身处母性敏感期的母亲对新生儿有一种特殊感应。

母亲为孩子生存所做的生理性护理成为母子双方建立重要关系和彼此认知的核心内容。他们相互摸、闻、听和看等的一切体验深深印入各自脑海。女人变成母亲，孩子成为儿子或女儿。

一种优先关系自此形成，这种特殊关系将帮助孩子不断成长。他现在有了一个继续给予爱、食物和感官刺激的母亲。当一应俱全时，孩子发育会非常和谐，因为他的所有需求都得到了满足。新环境里有太多东西需要学习，唯有和他人一起生活，孩子才会努力学习。

新生儿的无助状态体现了另外一种生命智慧，为最大限度地发挥人的潜能创造条件。

> 不少研究表明，母亲护理孩子的程度和质量深受产后最初几天他们在一起时间长短的影响。

母亲对孩子的感情以及对他需求的回应，反映出当优先关系确定后他们二人在这个关键敏感期内彼此相知的状况。母亲宝贵而自然的助力行为可以确保孩子处在最佳成长状态，尽管此过程只持续很短时间，随后渐逝。新生儿娇小的身体和缺乏自我护理的能力唤起我们心中的爱怜。他除了接受食物和护理外，也获得开发自身潜能的机会。

新生儿的基本需求

通过我们对孕期的充分讨论，现在应当很清楚的事实是，新生儿是结构完整的人，他的神经系统发达并运行良好，头脑里已经记忆了很多经历。

每次怀孕（甚至同一个母亲）生出的孩子彼此有很大差别，这是遗传变异和其他诸多影响母亲与胎儿的因素所致。这些因素包括饮食、相互接受程度、环境以及配偶的帮助等。然而每个新生儿的基本需求是一样的，都必须得到满足，以保证他在生理和心理上健康发育。

阿什利·蒙塔古（Ashley Montagu）在他的一本书中罗列出人与生俱来和清晰可见的各种需求或者欲望，包括“爱、友谊、体贴、健全思维、认知、学习、工作、组织、好奇心、惊奇感、嬉戏、想象力、创造力、开放心态、灵活性、试验意识、探索精神、适应力、幽默感、愉悦感、笑和哭、乐观、诚实和信任、有智慧的同情心、跳舞和唱歌”。[2] 他强调，孩子要长成健康的人，以上所有需求必不可少。

> **我们要记住，新生儿有令人惊奇和运行良好的自我调节机能，还有协调发展自身各种潜能的强大动力。**

基于所有研究成果以及与孩子们相处的经验，我们在安排他们出生后的生活时便能够知道其基本需求是什么。

新生儿至少有 5 个迫切的基本需求：

1. 与母亲直接接触的需求

主要理由如下：

a. 重新找到胎儿期的参照点。

b. 被认作“儿子”或“女儿”，与母亲建立优先关系。

c. 接受母亲在这个时期提供的特殊食物。

d. 和母亲建立某种形式的沟通，这将成为他今后与所有人沟通的样板。其实，新生儿拥有许多好的沟通方法，甚至在胎儿期已经准备就绪，如肢体活动、微笑、与人对视、哭叫。

2. 顺应生理节奏的需求

孩子饿的时候必须吃奶，困的时候必须睡觉。不少妇产医院的作息时间是固定的，没有为每个新生儿制订个性化时间表。他们在同一时间被叫醒并带到母亲身边，这是由母子关系以外的人制订的作息时间。

由此严重妨碍孩子把握自己的睡眠节奏，使他更难以将睡眠时间与内在需求相协调。最初不良的体验可能为日后他适应昼夜交替的节奏埋下隐患。新生儿的睡眠被干扰会对家庭生活产生负面影响，恶化他与父母之间的关系。

3. 有序做事的需求

孩子需要为自己的新生活建立一个参照框架，以便从一个环境过渡到另一个环境时免受伤害。例如确定在什么地方吃饭、换衣服和称体重等很重要。这些重复性活动不久会成为他与某个特定的人发展关系的契合点，也是他熟悉环境的好机会。

4. 获得无碍视野和足够活动空间的需求（见图5）

一般来讲，为新生儿准备的床未必适合他，因为空间太小，四周围着栏杆或者其他妨碍视线的东西。新生儿很专注，善于凝神聚力。他需要练习将眼睛聚焦在房间内某个物体上，这时视线不应当被床的栏杆遮挡。

胎儿在孕期总是很活跃，自由自在活动肢体。新生儿也能够活动，但动作很慢。通常，我们准备的婴儿床太小，给他穿的衣服不合身，也限制了其活动能力。他尝试着像以前那样活动，结果发现不行，他所有的活动技能因此消失。新生儿不能活动的看法是我们成人捏造和固化了的。我们给他的床和衣服无疑妨碍了他活动。有时我们注意到，甚至早产

图5 新生儿需要足够的无碍视野和活动空间。

儿的头也能靠在床边，可是这样的事实居然还不能让我们相信他是有活动能力的。

5. 使用各种感官探索新环境的需求

新生儿是活跃而机警的人，他并不是我们想象的那么嗜睡。只要了解他在作为胎儿时具有的丰富的感觉体验和睡眠模式，我们便不难理解这一点了。

对大多数新生儿来说，不幸的是，出生经常意味着感官失去应有功用，这使得他们很烦躁和不满，以哭声吸引我们注意。

我们的回应往往是把某个东西塞到他们嘴里，以为这些小家伙只想让自己的嘴巴得到满足！其实不然。孩子有颗大脑袋，喜欢听说话声和音乐。他们看见花、树、移动的物体和环境中其他东西时会表现得异常兴奋。但是，当面对白色天花板，身处光线昏暗的屋子和视线被床上的栏杆阻挡时，他们的兴趣和求知欲完全得不到满足。

我们很容易给新生儿提供丰富多彩的刺激物。不需昂贵的物品，只需“有准备的人”。这些人了解宝宝们的需求，并出于理性的爱予以他们有价值的体验。

由此再次体现了教育作为“生命助力”的意义。

教育是生命助力

教育是生命助力

第三章
产后最初6—8周

“没有人可以独自成长。孩子需要一位中间人帮助他走进一个能够提供更多机会的环境。中间人的作用就是关注每个时刻孩子的需求并以正确方式予以回应。

产后共生期

孩子出生后的最初几周叫作“共生期”，对孩子的发育具有特殊意义。共生意为“共同生活”，指两个生物体相互依存的特殊状况，他们彼此提供和接受为继续生活、保其质量而绝对必需的东西。

就母亲和新生儿而言，他们的共生期为 6—8 周。我们会很有兴趣地观察这两个伙伴究竟交换些什么。母亲为新生儿提供适宜的食物，并且因她的存在而形成依附的参照点。反观新生儿，他作为令母亲安心的保证，即离开她身体的东西并没有丢失，借此建立母子之间的优先关系。他通过吸吮母乳，促使母亲子宫收缩，恢复到原来的大小和位置，由此减少出血和感染的风险。两个伙伴互相帮助，共度出生的关键时刻，延续双方既有的关系。

共生包括三种类型的身体接触（亲密性），对母子关系尤其重要：

1. 搂抱

这是母亲用双臂保护孩子的简单动作，方式多种多样，一切取决于她对孩子的感情。通过搂抱时的肢体接触，孩子知道母亲是否接纳他以及她的态度。这种接触还能给孩子极大安慰，使他顺利进入新环境。

2. 触摸

我们用手触摸孩子，给他穿衣、脱衣、洗澡，还做其他必要的事。这时要求母亲情绪积极。当她用手与孩子进行充满爱意的交流时，后者得到了一次了解自己和周围环境的机会。

3. 喂养

这里我们只涉及为婴儿哺乳。他吃奶时表现一种特殊的依附关系，确切地说母子再次融为一体，就像他们在孕期时那样。

当然，只有孩子吸吮母乳时才可能出现以上情况，他紧贴母亲的乳房，以此为两人的结合点。该方式令生理和心理再次统一：孩子一天多次体验这种完美结合的快乐。

> 如果最初 6—8 周结束时所有这些体验都是正面的，我们会发现孩子明显不同于他刚出生时的状态。他已经成为一个身心相合的人。不过，此时的心理出生与生理出生不同步，因为前者需要更多的肢体接触。

共生期结束，孩子对新环境有了基本了解，这将影响他对环境的认知。如果认知是积极的，他会“基本信任”眼前的环境并认为他的需求可以得到满足。

通过与某位亲人不断地直接接触，孩子意识到外部世界能够迅速满足他对接触、刺激和食物的需求。他的叫声总能得到回应，所以信任以母亲为代表的环境。

人因基本信任而变得乐观，他把世界想成一个美好的地方，并相信不管境况变得多么艰难，也能得到别人的帮助。

> 产后最初6—8周发生的事情具有深刻意义，将影响人的一生。我们有责任倾注全部可能的精力关注这个对母子双方都极其重要的时期。

父母要为孩子降生做准备，尤其要安排好接生地点和共生期开始的地点。

我们再次强调为完成这项任务而做好准备的重要性。蒙台梭利对此了然于心，并且设想出一个“幼教助理”的角色，作为增强孩子身心健康的手段。

生命从哪里开始，我们就在哪里践行诺言。

天然健康的食物

在详细论述母乳的功能之前，我们应当注意某些动物，如哺乳动物，具有独特的器官，可以为刚出生的宝宝特制所需的食物。

需要强调的是，我们正在探讨人在总的生物进化框架内的发育过程。框架内发生的每件事情都是对某种重要需求的回应。这种需求不仅在特定时刻重要，而且贯穿生命始终，促其成长。进化过程中的每个新变化都会使生命变得更宽广、更丰富、更有意义。生命已经从原始状态进化到现在的复杂状态，还将继续完善，达到我们尚不知其详的水平。总之，生命无疑代表着进步。

进化过程中发生的变化，既是必然结果，又是进步标志。

回到哺乳动物，我们发现这些生物从一开始就需要某种特殊食物，而且该食物只能来自母体。此时，所有哺乳动物的新生宝宝都不能消化成年动物的食物，他们需要特殊食物，这种食物因物种不同而有所区别。这就是过渡期，即从孕期到宝宝能够从环境中获取日常食物。

出生后，新生儿的消化器官需要一段时间运行，但是与日后的运行方式不尽相同。

新生儿并不低人一等，尽管他们无法直接吃环境中的食物，而要吃特殊食物，获取重要所需，以利情感发育。这种特殊食物——母乳，虽然因物种而异，但最符合新生儿的营养需要。

> 我们将从对孩子生理发育有益的角度探讨母乳，把它与牛奶做比较。令人遗憾的是，牛奶作为新生儿的食物与母乳存在竞争关系。

母乳的形成机制本身就是一个奇迹。怀孕时这个机制开始运行，当胚胎期（最初 3 个月）结束时“制奶厂”准备启动！

胎盘在子宫内长大，释放出激素，阻止乳房产奶。只有当胎盘离开子宫（意味着胎儿已经出生），乳房通过新生儿吸吮奶头接收信息后才开始产奶。孕期也会出现少量奶，但是真正产奶则要母子配合。

从孩子出生的那一刻，母乳的成分就发生了变化。大自然考虑到刚出生四五天的新生儿有别于日后的他，所以提供一种不同的奶，即初乳。这是特殊食物，专门为刚降生的生命准备。

初乳与普通母乳成分对比表

成 分	初乳（克/升）	普通母乳（克/升）
蛋白质	90	13
脂肪	0	40
碳水化合物	5—10	68

初乳不含脂肪，更易于宝宝的消化器官工作。此后日复一日渐渐出现少量脂肪，进而刺激分泌出肠消化和吸收这些营养物所必需的胆汁和胰液。

初乳含有大量蛋白质，是普通母乳的 7 倍，其中的抗体直接保护新生儿免受外部环境侵害。尽管在孕期最后 2 个月，胎儿已经从母体中获得了许多抗体，但不足以长期保护他，除非他每天吃母乳，不断吸收新抗体。

当然，生命初期的几天极为关键，因为环境是新的，充满细菌。新生儿必须得到充分保护，以免被感染。首要的天然保护方式不是将他与母亲分离，而是喂他所需要的初乳。进化总是以保护生命为目的。每位母亲都自带抗体，抵抗她周围的流行病，初乳就属于这个防御体系。

初乳中的蛋白质几天内便会减少，脂肪增加，直到母乳的成分在哺乳期剩余时间内趋于稳定。

初乳的另一个重要功能是刺激消化器官蠕动，促使胎粪排泄。胎粪是新生儿特有的粪便，由消化液和肠壁细胞堆积而成。

以上所有情况都说明初乳的重要性，因此要让新生儿在出生后最初几天内紧靠母亲的乳房尽早吸食宝贵的乳汁。即便剖宫产，在药物作用下孩子更嗜睡，也仍然可以让他在出生几个小时后贴近乳房。不幸的是，通行做法是把孩子放入育婴室，喂他们糖水。

初乳对孩子还有其他好处。我们要提醒的是，出生后的最初几天给他吃含有动物蛋白质的替代食物十分危险。这时候，肠黏膜吸收力更强，容易让动物蛋白质通过，引起过敏反应。

> 纽约曼哈塞特大学医院的J. 凯利·史密斯（J. Kelly Smith）医生坚信，孩子只需吃几天初乳便可以终生预防很多过敏反应。我们应当向母亲们说明，仅仅几天的初乳足以对孩子的健康产生重大影响。

还要记住，牛磺酸蛋白质只存在于母乳中。牛磺酸对神经系统发育具有特殊意义。

所有这些因素反映了母乳在生命初始阶段的重要作用。只要我们尊重自然规律，就能发现健康的秘密。

值得注意的是，新生儿没有牙齿。虽然它们已经形成，但尚在牙床里，直到第五个月才长出来，所以不会妨碍哺乳。再则，孕期脸部骨骼发育不全，吸吮时孩子肌肉用力，骨骼因此扩张，这恰好为牙齿生长留出空间。母亲哺乳需要孩子主动参与和努力，而使用奶瓶，即便孩子熟睡时也能吸食。

新生儿的努力不仅立即得到回报（体验为生存和成长而进食的快感），而且产生长远影响。再晚些时候，当永久性牙齿长出来时会有足够空间。

> 大自然已经考虑并为人的发育做了铺垫，或许我们还根本不理解如此巧妙安排的一连串事件背后的缘由。

其他食物能对新生儿发育提供这么多的保护和帮助吗？

1981年5月世界卫生组织大会决定，今后将在所有人工奶制品的广告页上加印以下文字："世界卫生组织建议，孕妇和新生儿的母亲们应被告知哺乳的优势及益处。"

"母亲们应当听取如何为哺乳做准备和如何持续哺乳的建议，了解良好饮食的必要性，还应当知道过迟哺乳或者中断后再行哺乳出现的问题。使用人工奶之前，要告知母亲们这个决定的社会和经济影响以及正确使用人工奶对保证孩子健康的重要意义。"

"要避免使用不必要的附加食物，还要避免使用奶瓶，哪怕是部分喂食，因为这些做法会对哺乳产生潜在的负面影响。"

关于保护孩子身体健康，还能说得更详尽吗？

食物人际关系学

我们已经谈过奇妙的哺乳机制以及母乳是如何针对孩子按需定产的。母亲开始并持续哺乳的基本条件是孩子在身边，他通过吸吮乳头的肢体语言告诉母亲："我在这儿，我要喝奶。"这是生理刺激给脑垂体发出的信号，让它分泌一种叫作催乳素的特殊激素，负责"产奶"。奶的供应量由乳房被吸空的程度而定。后续生产的奶将与孩子的需要相匹配。乳房越缺奶，补奶越迅速。

尽管从怀孕开始，乳房就做好了准备，但是生理刺激通常不会在孩子出生后马上出现，也就是说，这种刺激是由吃奶的孩子吸吮乳头时产生。如果新生儿没有被带到母亲身边，他也就没有机会靠在乳房上吸吮。母体在等待信号，这一情况恰恰经常被妇产医院忽视。

医护人员时常人为地将母婴分开，辩称他们二人需要休息，但事实上，他们唯一真正需要的却是待在一起。他们有很多事情要做，需要交流信息，继续快乐相处，共同度过被我们视为怀孕续篇的时光。他们期待着彼此接触，以实现所有期望。孩子依附在母亲的乳房上是达到此目的的捷径。

> 与其他哺乳动物不一样，人类的新生儿缺乏自主向乳房移动身体的能力，因为他的运动协调机能未发育成熟，需要有人将他抱到母亲身边。我们绝对不要把乳头送到孩子嘴里，而要让他闻和用自己的脸感受它的存在。

孩子总会主动贴近乳房，以便随时自由进食。这是他与食物关系的基本特征。我们要满怀爱心地把食物放在他面前，切勿塞进他嘴里。

“填鸭式喂食”让任何年龄的人厌恶，给人一种暴力感。我们身体的七窍等门户是我们与外界联系的窗口，必须始终处在控制中，否则我们便失去安全感。

每个新生儿都会花时间了解新环境，接收和处理来自母亲的各种感官刺激，从而能够在一个不同的参照框架内辨认出她并做出恰当反应。每位母亲也需要时间对眼前的他做出反应，而在怀孕期间只能想象他的模样。

这些感觉体验给人一种特殊认知，也即身心认知，相当于在母婴关系上加盖一个封印。他们得益于接收自感官的认知，建立一种十分重要和持续的关系。这是一种包容性的认知，深入身心，使他们彼此以特有的方式相互依存。

正是食物开启了人际关系先河，也为社会生活奠定基础。每对母婴需要的哺乳时间不同，我们必须维护他们的初次相

图6　哺乳提供的食物开启了人际关系先河，为社会生活奠定基础。

会。切记：新生儿需要母乳，由此得到最重要和最有价值的体验，即与另外一个人生活在一起。食物给了他一次初探人际关系——未来社会生活基础的机会（见图 6）。

如果孩子出生后即与母亲分离，几乎都会打乱为建立亲子关系和依恋关系所必要的行为过程。新生儿需要感受到母亲的怀抱就是他新生活的可靠容器。同时，母亲也需要用怀抱中的新生儿补偿她腹中突然失去的存在。虽然胎儿需要数月时间逐渐长大，但是出生的那一刻他却瞬间离开母体。母亲空落落的感觉既是生理的，也是心理的。最自然的解决方法就是让她和孩子待在一起，由此双方都得到切实的安全感。这种感觉只能源自真正的亲近关系。即使需要专门医疗护理，也不能忽视让他们二人继续待在一起的必要性。如果我们确实理解了这种关系对新生儿未来成长的意义，那么科技手段可以留作他用，使我们在极端困难的情况下也能保护母婴身心健康。

> 如果我们一开始就帮助母婴建立良好的亲情关系，纵然今后他们的生活截然不同，不管发生什么，他们还会“自然而然”地保持一种相互热爱、关心和保护的关系。

为此，应该允许母婴待在一起，使他们感受和享受相互陪伴的快乐。要是按照医院规定的时间把孩子带到母亲身边，那么以上关系就不能建立。不知道为什么儿科医生们采用间隔 3 小时哺乳的方法，迫使每个孩子接受这样的安排，全然不考虑他的胃口大小、吮吮能力以及母亲的产奶速度。

由于要在同一时间进食，不少孩子被带到母亲身边时经常还处在睡梦中。结果是，他们想在母亲的怀抱中继续睡觉，对进食没有兴趣，不愿意费力吃奶。规定的喂奶时间一般不到 20—30 分钟，然后把孩子带回育婴室称体重，显示他还没吃够奶。人们不认为孩子进食量少是由错误的进食时间造成的，相反却认为是由于母亲奶量不足，所以决定用奶瓶给孩子喂牛奶，补到“合适”的量。虽然这种做法可行，奶从瓶中流出，孩子无须使劲吸吮，但是如果下一餐重复同样程序，母亲最终会以为自己无力生产足够的奶，孩子更喜欢用奶瓶。实际上，哺乳过程根本没开始，新生儿这个要发信号的人还没有真正吸吮。当他饿了，对食物和亲子关系感兴趣时，却没有依附在母亲身边。吸吮需要花费一定力气，如果孩子没有睡醒或者不饿，他是不会用力的。只有条件具备，他才乐意做所要求做的事情。

> 孩子要做的事情远不止进食。他通过接触母亲的乳房和脸颊享受此情此景，包括母亲的体味、怀抱、体温和心跳。

当所有生理和心理需求都得到满足后，他感受到的是莫大幸福和完全满足。这种关系表明生活可以多么美好，同时引导孩子寻找与他人相处的乐趣。

为了获得这样的体验，要让每个孩子根据自己的需要尽可能长时间地依附在母亲的乳房上。除了接受发育需要的特殊食物，他还因此获得个人满足感和与社会互动的机会。

新生儿究竟需要依附多长时间将视具体情况而定，取决于他在子宫里的发育状况、他的体重和肌肉运动能力、母亲奶头大小和形状以及产奶量等。哺乳时要让孩子紧靠乳房，直到他张开嘴，吐出奶头和明显放松身体。这时，孩子的肌肉不再使劲，他的需求得到充分满足。

不言而喻，我们既要更好地理解母乳的重要作用，也要掌握一种确定哺乳时间的方法。我们把这种方法称为“自选时间表”。

“自选”并不意味着在任何时间都可以给孩子喂奶。我们不要以为他醒了就要吃，吃了就要睡。有的育儿书还在宣传，说新生儿每天要睡 20—21 个小时。其实，即便在胎儿期也并非如此，那么出生后又怎么可能是真的呢？

> 我们永远不要忘记，新生儿是非常聪明的，有数十亿个脑细胞！他本能地要与母亲（以及其他人）建立关系，探索周围的新环境。

不少孩子因为其感官被限制而哭闹，虽然他们体会到成人善意地努力保护他们免受外界干扰。他们只是烦躁，才试图吸引我们注意，让我们抱抱他们，与他们说话并陪伴他们。我们误以为他们只想要个东西含在嘴里。如果不到喂奶时间，我们会给他们一个橡皮奶嘴。他们实际上想要建立一种人际关系和得到某种认知，但我们却告诉他们，唯一能得到满足的就是嘴巴。新环境能够给他们的只有食物或者用于吸吮的橡皮奶嘴，其他什么也没有。

我们是否意识到我们正在压制和破坏孩子们对一种丰富的社交和精神生活的正常追求呢？

如果我们仔细观察新生儿，并且不带有他只对吃和睡感兴趣的偏见，那么就会看到他使劲地活动身体，四处张望，留意周围发生的所有事情。我们还注意到，他多么认真地听说话声音以及环境中的其他声音。我们发现，母乳只有孩子确实需要的时候才有价值。他还有其他许多想要和喜欢要的东西，我们无须付出任何代价便可以给他，如陪在他身边、放音乐和给他任何能吸引注意的东西。进食时间到了，孩子很乐意吃奶并准备借此机会加强人际交流。

> 食物无疑是生活中一个基本的和令人愉快的要素，但绝不应成为人文环境所提供的最重要的刺激和欲望之源。当我们把东西塞进孩子嘴里以回应他每次的要求时，我们可能无意间与环境建立起一种非常危险的关系模式。

食物没有发挥其潜在的作用，让孩子失去一次参与社交生活的重要机会。它成为孩子自我满足的来源，与“某人”无关，却与“某物”有关。

母亲喂奶时应当舒适地坐在一个安静的地方，注视着孩子。虽然从技术角度来说，母亲可以边喂奶边看书、和别人说话或者看电视，但是我们要明白，如此做的话，我们将把生理哺育和心理哺育割裂开。正如埃里希·弗洛姆所说：“我们给的只是乳汁，而非蜜汁。”

“自选时间表”是指餐与餐之间的间隔时间不由外界，而由我们自主决定。我们观察孩子，等待他为进食做好准备。由于消化母乳大约需要 2 个半小时，所以不能过早地将乳房送到他嘴边，至少要保证最小间隔时间。如果孩子还在熟睡或者看起来不想进食时，也可以延长间隔时间。不管怎样，产奶量在一天中的不同时点是不一样的，早上较多，午后下降，晚上又上升。凡是哺乳的母亲都知道，乳房早上比其他时间要沉得多。那么我们为什么以为孩子在相同的时间间隔里需要吃相同量的奶呢？实际上，有时候需要正餐，有时候小吃就够了！

> 关键的是孩子在一天 24 小时里喝的总奶量有多少。我们很快意识到，不同孩子为达到这个奶量，吃奶的次数不一样，通常都低于外界认可的常规次数。

1972 年笔者参加了一项对孩子出生后最初几周睡眠和进食习惯的研究。经过观察确认，一个新生儿通常每天进食 5—6 次，最晚的进食时间在晚上 7—8 点，之后睡觉至次日凌晨 2—3 点。这个时间对我们当然非常不合适，此时孩子醒了，想吃奶，而我们没有办法让他安静下来，除非喂饱他。如果把灯光调暗，减少外部刺激，孩子吃完奶后又会睡觉，直到天明。

大约出生后 6—8 周，也就是共生期末期，孩子的进食时间发生变化，开始接受我们的昼夜交替作息时间。某天早上，我们发现他整晚都在睡觉，此后晚上进食的时间间隔拉长，这对全家人来说都大有裨益。如果我们遵从新生儿生活的自然节奏，某种始终存在着的自动调节机制就会起作用。关键是父母们要了解这个过渡期，理解孩子身上正在发生的事情。新生儿没有昼夜变化的感性认识，需要花些时间才能接受我们的作息规则。他必须经过一段时间的体验，随后自然调整过来。

母亲的陪伴和充足的食物有助于孩子减少夜间烦躁和不适，这些感觉会影响睡眠。我们帮助新生儿顺利融入正常生活作息的最佳方式，就是忍耐他仅仅持续6—8周的不适应期。

> 如果我们阻挠了孩子在新环境中所做自我调整的努力，那么我们将长期饱受昼夜颠倒的困扰，父母们会为此付出高昂代价。

正如我们说过的那样，哺乳的黄金法则就是让孩子自己脱离乳房，尽管很少有人这么做。这不仅可以使孩子从哺乳中获得充分的快感，也使他对这种基本生活必需品产生强烈的控制感。孩子还没有准备吐出乳头，母亲就抽走，这是非常拙劣的做法。此时，孩子感受到一股巨大力量正在打击他继续吸吮的欲望。不幸的是，母亲经常被护士和儿科医生告诫，只能让孩子在每只乳房上停留几分钟。从生物学角度来说，这个建议是错误的，因为哺乳开始时从乳房中流出的奶不如稍后的质量高。开始的奶比较稀，含有矿物质盐和蛋白质；稍后的奶较稠，脂肪含量更高。为了让孩子得到较好的混合奶，我们必须让他喝完乳房中的奶。这样可以达到另一个目的：脑垂体接收到信号，表明乳房已经没奶了，必须再加满。从心理学角度来说，只让孩子在每只乳房上停留几分钟也是错误的，因为哺乳的最后一段时间正是孩子和母亲可以分享最大快乐的时候。哺乳最初几分钟，孩子几乎不停地用力吸吮，获得的奶量基本满足生理需求。进食的最后阶段，孩子更多地体验和母亲在一起以及食物带来的乐趣。他很放松，慢慢吸吮，更专注地盯着母亲，而此前他的眼睛却是闭着的，一心一意使劲进食。这后一段时间恰似我们继续与好友坐在餐桌旁愉快聊天，吃喝东西（咖啡、甜品、酒）已不再是第一需要，只是为了保持愉悦的心境。去掉这部分进食时间，意味着彻底放弃进食的社交意义，因为食物可以提供社交互动和人际沟通的机会。

我们限制孩子的进食时间，等于不让他得到充分满足。

看到一个新生命有足够的时间进入理想状态，是多么可心的事情呀。他微笑着离开母亲的乳房，充盈着幸福感，身体完全放松。每个孩子尽全力完成吸吮之后，都会有这样的感觉，只是时间不同罢了。我们无法从外表对此做出判断，甚至同一位母亲和她每个孩子在一起时的感受也不一样。他们每个人都是独特的个体，对事物反应各异。我们要注意获取哺乳的所有好处，因为即便我们正在给孩子提供最有益于其成长的食物，他也未必能够从人际沟通中获得幸福感，以及从每天多次经历的愉悦生活体验中获得满足感！

> 尤其在出生后最初几天，我们必须用足够的时间和耐心哺乳新生儿，要记住他们的肌肉没接受过力量训练。对待他们要平和，不要急躁。

哺乳时，我们在给予和接受一种亲情关系，不只是填饱他们的肚子！我们要满足他们的所有需求，其中对他们未来最重要的是心理需求。

如果我们把进食时间当作与我们爱的人快乐相处的机会，那么只要让孩子感到快乐，他就会顺利进食。一定要保证他主动依附在母亲身上，自在吸吮，只在心满意足后才脱离乳房。

生命的智慧

我们现在知道，孩子出生后的最初几周是关键时期，会发生许多重要的事情。很可能还有一些更重要的事情仍未被发现。显而易见的是，新生儿娇小的身躯、无助感、对特殊食物的需求，都有利于他建立人际关系，使他在生理和心理方面继续成长。

为了得到奶和充分的护理，孩子必须每天多次“依附”于母亲。重复体验分离和依附的过程，由此可以发现新生活的益处，同时不断得到安慰：以前的某些重要参照点依然存在。

审视这些情况，我们发现生命经过非常智慧的安排，帮助孩子顺利成长，既不会产生实质性中断，也不会过于艰辛。

> 我们要特别关注孩子的动作协调性及其出生后的变化。尽管胎儿有规律地活动身体各部位，却从来不能完全伸展开。在胎儿期这是正常的，可是出生后则必须改变。

我们观察新生儿，会注意到他们多么希望有一定的活动空间。每当不穿衣服的时候，他们就利用这个机会活动双腿，其中的乐趣尽显无遗。

当我们给孩子一个更广阔的活动空间而不是将他限制在婴儿床或者婴儿车里时，他可以慢慢且有效地在这个空间里转动，变换自己的位置，直到空间的边缘。孩子做动作非常专注，特别在意身体和活动空间之间的关系带给他的感受。他通过活动积累大量信息，开始意识到其现在所处的外部环境与以前那个环境多么不同。

孩子出生后在更广阔的空间里感受到自由，这成为他快乐、兴趣、体验的源泉。他高兴地发现，只要需要，任何时候都可以投入母亲的怀抱并得到抚慰，他还高兴地体验到自由活动身体和变换多种姿势的喜悦。

不言而喻，交替变化着的依附和分离行为是孩子发育的两个重要方面，都自然而然地促使他走向独立。生命充满智慧，给孩子提供了沿着成长道路进步的机会。人的成长还是一个让我们每天在环境中展示自己行为能力的过程。

> 如果从一开始孩子们被限制进行有价值的体验，他们的自然发育过程会受到阻碍。一方面生命的程序已经精确预设好各个发育阶段，另一方面成人们似乎要尽力延缓孩子们的发育。

阿黛尔·科斯塔·诺齐（Adele Costa Gnocchi，蒙台梭利的好友，于 1947 年在罗马创办“幼教助理培训计划”）曾向笔者坦言：“世界上存在着有组织的力量，正在阻止幼儿成长。”

只有更深入地了解孩子，更多地认识生物界中的生命成长奇迹，才能改变这种悲哀的局面。我们应服务于生命，有意识地从其出生的那一刻起助其成长。

孩子的基本信任

共生期非常短暂，仅持续6—8周。但我们必须强调它的重要性，尤其在心理方面。生理问题总是更容易引起重视。我们把孩子放在秤上为他称体重，或者我们量他的身高。可是心理究竟会发生什么呢？

共生期间，孩子要从生理出生到心理出生。诚然，生理出生是他离开子宫的那个时刻，而心理出生相当于他初步完成身心融合，对新环境有了基本认知。

> 剪断脐带只意味着生理出生，心理出生则要伴随体外怀孕期，包括母亲的搂抱、参照点、按需提供食物以及母亲保证在孩子需要时能够回应等。

正如前面提到的，在依附敏感期的积极体验会让孩子产生这样的想法：环境是一个让他感到安全的地方。外部世界是一个让他可以永远信任的地方，因为已经得到检验，被认为是可靠的。孩子将不怕面对新情境，愿意做更多尝试。他尤其不怕与母亲分离，相反，在和母亲短时间分开时，仍然会感到安全。他通过别人的搂抱和各种护理行为，知道自己身体的活动极限，即便在外部世界，他也能获得安全感。他开始区分我和非我，这使他可以在新环境中活动，继续接受丰富的多感官刺激。

> 对环境的基本信任是心理自我的第一根支柱，在出生后的最初 2 个月后须形成。有了这种信任，生命呈现出玫瑰色，孩子成为我们通常所说的乐观人。

不管生活中出现什么困难，他都会积极想办法解决。他认为周围世界是美好的，生活有价值，也有快乐。他能取得如此成果，对他未来生活的重要意义自不待言！

共生期似乎太短，不足以让孩子的认知发生这么大变化，但是如果我们与怀孕时的胚胎期比较，便会发现在同样的时间里胎儿身体各部位都已成形。

人的发育速度非常快，因此面对成长中的孩子不断发生着的变化实属不易。仅仅出生后 2 个月，他已完全不同于刚出生时的样子，我们需要采取新办法予以应对。母亲是共生期的主角，又是与孩子建立优先关系的人，可如今孩子对同一母亲的需求却不同了。多亏她的关爱和护理，孩子快乐地度过出生后的过渡期。母亲继续发挥重要作用，只是方式变了。共生期结束，两个伙伴要找到另外一种共同生活的方式。现在他们的关系更进了一步，双方都得到更多的自由空间。

共生过程中形成的正确依附方式为孩子日后自然分离铺平道路，心理出生顺利降临。需求只有得到充分满足才会平复下来。我们惊奇地发现大自然轻而易举就将生理需求和心理需求融为一体，让它们在人的整体发育中相得益彰。所有父母和成人都应当明白这个道理，要从孩子们出生时就恰到好处地帮助他们。这是我们能够给予他们的“无价之宝”，陪伴他们终生并深深地改变他们的生活品质。

基本信任非常重要,可以在短时间内获得。共生期结束时，这种信任必须存在!

我们要用积极的眼光审视被描述为分离的过程。确切地讲，这个过程是由孩子进入更复杂的外部现实世界时所表现出的一系列相关的行为组成。我们需要将每个分离层级看作是进入日渐丰富和多样化现实世界的大门。要成功跨过一扇扇门，孩子必须准备好做后一层级的选择。倘若过渡期中的负面影响占了上风，他适应新阶段时就会感到痛苦，那么他似乎更喜欢前一层级，进而决定止步不前。

在共生期，我们可能会反应过度，结果导致孩子不知道如何索要和接受东西。与此相反，如果我们没反应或者反应不及时，也会使孩子产生负面印象：环境不回应他的需求。不对新生儿提出的需求做适时回应，其后果是阻碍了他的基本信任感的形成，使发育中的他失去快乐成长所需要的安全感。

教育是生命助力

第四章 父亲的积极作用

如果我们不了解父亲的积极作用，对孩子情感和社交方面的成长便无从谈起。父亲在孩子生命中的每个阶段都发挥着重要作用。相爱着的父母不必借助与孩子的关系弥补感情缺失。

父亲的责任

每个孩子都有父亲，尽管有时父亲的身份不明。我们在这里所谈论的父亲的作用不是生物学意义上的——虽然这也许是重要的——而是教育意义上的。我们将在本章中讨论父亲对孩子生活的潜在影响。显然,父亲的某些角色可以由叔伯、哥哥或家庭朋友（此后是老师或团体）担当，不过他们要有爱心、耐心，愿意把时间奉献给孩子。

我们知道不存在所谓父亲本能（也没有母亲本能），但是人的潜能中有父性（和母性），这要求他们承担照顾族群中年幼成员的责任，即便不是己出。

> 除了这种普遍性潜能外，对父性（和母性）来说，生活中还有一个特别时段，即“敏感期”，对应孩子出生后最初几小时和几天的时间。为了利用好敏感期，成人需要与孩子直接接触。

图7 父子相互信任。

幸运的是，随着文明世界的文化和社会状况的改变，如今的男人们可以更多地表达父爱，这意味着孩子们从生命伊始就能够得益于父亲的眷顾。

在当今社会，如果我们不了解父亲的积极作用，对孩子情感和社交方面的成长便无从谈起。父亲在孩子生命中的每个阶段都发挥着重要作用。他与孩子母亲的关系对孩子来说也十分重要。只要双方关系稳定和睦，他们与孩子的关系就充满关爱，无须太多依附和占有。相爱着的父母不必借助与孩子的关系弥补感情缺失。

父亲不仅要提供舒适的物质条件，还要付出爱，潜心照顾孩子，和他说话、玩耍（见图7）。现在的家庭孩子不多，父亲更容易一对一地关注每个孩子，其角色得到强化。与此同时，典型家庭仅由二人组成，父亲的作用变得更有意义，因为孩子们在大量时间里往往只由母亲陪伴。

当今社会科技发达，父亲的工作与他在家中的角色关联度不高。由于与家人共处的时间有限，他的存在尤显宝贵。

男性很少涉足托儿所和学前教育机构的工作，孩子们处在一个几乎被女性包围着的奇特环境中。总体上讲，这不是一个真实的社会，可是在孩子们生命的最初几年，他们通常生活在这样一个不自然的环境中。父亲的作用在于给孩子提供一个了解人类另一半的机会。他帮助子女们成长，以此自然延续之前作为礼物送给他们的那一半遗传基因。有了他的帮助，新一代人将更了解自己的潜能。

双亲的重要作用

如今，配偶间无须发生直接关系便有孩子已经成为可能。试管婴儿等类似报道充斥我们的杂志，给人的印象是，人类繁衍只是一件具有生物学或者机械学意义的事情。我们渴望掌控自己生活的世界，却不愿理解和回应它。我们发展到能够将生殖行为中的生物和情感两方面特性截然分开。医疗技术使我们孕育后代所经历的受精期、胚胎期和胎儿期完全不同于“自然”方式。

> 生命一开始，记忆就存在并发挥作用，这个事实在我们脑海里产生不小的疑问，同时提出关于生命哲学和伦理学的重大课题。

我们不打算在这里深入探讨这些基本的存在论问题，只希望审视孩子发育中父母应起的作用。从生理和心理两方面讨论人的生命问题十分有价值，这样划分也是研究所需。当然，这两个不同方面始终相互联系，只有当它们和谐发展时，人才能“感觉”快乐并快乐地“做”事。

解释神奇的遗传法则无须赘述。受孕时，这些法则控制着父母染色体相互作用（23 条由父亲提供，23 条由母亲提供），形成一个精密序列，由此决定新生儿未来的身体特征。染色体的融合、优势取向或者变异造就出一个独特的人。不管同一对夫妇决定生多少个孩子，这些孩子各不相同。遗传法则使生命实现如下目标：每个人保留自己的生物特性，选择好的遗传特征、淘汰坏的遗传特征，提高生命质量。

如果只想到父亲的基因角色，我们就大大低估了他的重要作用。从夫妻决定生孩子或者发现女方已经怀孕开始，两个人立即投入工作，共同帮助和保护新生命。父亲和母亲代表“初级的人类社会”，孩子将通过他们初步体验自身人性潜能的发育（见图 8）。人类个体来自其父母染色体的简单遗传，然而要获得人的全部特征则需要一个人文环境。

家庭是人类社会的基本单元，身在其中的孩子观察和吸

图 8 家庭是人类社会的基本单元。

收由父母关系发展而来的个人和社会行为方式。所有这些构成了成人生活中诸多习惯的特点。这是父母的教育作用使然，根植于生理要素，绝不能与之分离。我们将在下文说明父亲在孩子发育的各个阶段所扮演的教育角色。

母亲怀孕时父亲的作用

母亲怀孕期间，当父亲以爱相助时，母子会倍感温馨。伴随如此多的胎儿心理活动，成人可以与他进行互动。母子间的对话也容易让父亲分享。

> 胎儿能够听见并辨别第三方声音（即便在子宫里也能听见），而且在他出生前会与此人建立关系。

父亲的爱可以在母体内产生积极情绪，改善胎儿的生活环境。父母二人一起参加分娩辅导课，共同努力使分娩更顺利，这无疑是对孩子最直接的帮助。此类课程不只教授生产方法，还让他们了解家里有了孩子后会是怎样一番景象，其中涉及可能出现的问题以及如何解决问题。

是否要为孩子降生准备充足的实用物品，取决于父母的育儿态度。这种态度主要和他们自己的家庭经历有关。花些时间与其他准父母们交流看法，对家庭的未来很有裨益。

孩子出生前，父母为迎接新生活异常忙碌，需要考虑、了解和安排一系列事情，诸如家具、衣服、喂养方式、新生儿需要的睡眠时间、其心智和动作能力等。

父亲积极参加课程既可以丰富小组讨论，又可以引入新观点和不少经验，有助于改变人们对幼儿的看法和片面认识。课后，准父母们还有机会在家里继续讨论他们听到的新想法和新建议。

考虑到孩子未来的需求，父母开始意识到自己的教育角色并感到他们要为新生儿的生理和心理成长负责任。他们在孩子的生活中将起举足轻重的作用，这种认识使夫妻二人的关系变得更和谐、更密切，况且此前他们已经共同决定给这个世界带来一个新生命。

孩子出生时父亲的作用

父亲可以在母亲产前阵痛期和分娩过程中发挥重要作用。

不少人类群体的文化中，人们普遍认为生孩子是女人的事，男人在这个特殊时刻不要靠近女人。每种文化里都有接生婆。除了这些“专家”外，亲属和邻居总会从旁陪伴，不让产妇在生产或者分娩时孤独无助。

当医学发现感染问题后，面对生产过程中出现的危急情况，专业人员可以采取手术的办法应对，而更合适的生产地点也由住所转移到妇产医院。结果是：以前人们陪伴产妇左右，表达关爱；但现在不行了，她要自己住在医院，接受医生和护士的护理。科技手段肯定有益于母亲和胎儿，但生产时面临的心理问题没有得到足够重视。

当自然生产过程逐渐变成医疗介入，人们开始明白，过多地使用科技手段并非有益无害，需要寻找替代方法帮助孕妇生产。几十年来，各种产前准备的方法措施相继出现，为解决以上问题开辟了新途径。孕妇们应该清楚，生产是一个重要时刻，且只是"有孩子"这个更庞大工程的一部分。我们现在知道，为重要时刻的降临提前准备是可行的，包括详尽预知将要发生什么以及采取什么技术手段助产。

> 生产是一场伟大的"演出"，经过训练，我们会"表演"得非常出色。

我们接受了这样的看法：孕妇需要自己做好生产准备。另外一种看法即生产时父亲应该在场，却遭到来自各方的质疑，其中的借口不外乎：孕妇生产时不愿意让人看见，男人们没有做好身临其境的准备或者产妇有被感染的风险等。随着妇女自我意识的提高和社会对健康问题有更深入的认识，反对者最终势弱，更多的人接受了父亲在生产现场的事实。渐渐地，父亲们，特别是那些已经做好必要准备的父亲们，开始走进医院和产房。

从前帮助母亲生产的那些人的角色如今已被父亲替代。如今父亲的作用甚至变得更重要了，因为传统的大家庭已不复存在。过去几世同堂，总是家中的女人们在生活关键时刻充当帮手。

父亲除了提供帮助外，还可以实际参与生产过程。当他了解这个过程后，会鼓励他的伴侣，与她共度漫长的宫口扩张期。生产时刻到来时，父亲陪同母亲进入产房，产程中他用手支撑着她的头部和肩部。

这就是“助”产之法。

> 研究表明，父亲在生产现场，他的合作对产妇有积极影响：疼痛感不那么强烈，用药量减少。总之，父母们对他们共同分享的体验比较满意。

1974 年开始，美国妇产科学会允许父亲进入产房，但是这个做法还没有被大多数医院采纳。今天的父母们希望分享生产经历，因为他们已经有更多的机会了解双亲履行责任的重要性。面对到来的时刻，他们准备承担新责任，尽最大努力为新生命改善环境。

当然，父亲不能代替妇产专家，尽管如此，他确实给生产过程带来一些变化，使产妇感到她不是独自照顾孩子。

共生期的“保护屏障”

孩子出生后的最初几周，父亲可以给母子二人另一种形式的必要帮助。我们讨论过分娩之后的敏感期以及其在“生理”出生过渡到“本体”出生过程中的重要性。这段时间过得好与不好差别迥异，取决于孩子周围是否还有一位像母亲那样关心他的人，虽然不要求这个人每天多次给他喂奶。

凡有准备的父亲都知道母子之间特殊关系的重要性，但这种关系必须通过哺乳才能建立。他还知道在最初几天尤其需要花费大量时间进行哺乳并给予孩子母性关怀。因此父亲在共生期开始时的首要任务就是起“保护屏障”作用。

在家里，很难避免吃饭时或者休息时不被打扰。电话铃或门铃随时会响。好心的亲朋好友也会在母亲正忙于孩子的事情时不期而至，我们不能让他们影响母子为增进相互了解所进行的微妙沟通。母亲可能会感觉疲倦，尤其是从妇产医院回家后的最初几天。她需要重新安排作息时间，这时父亲的理解与支持尤为关键。

我们并不想让某人代替母亲照顾孩子。如果这样，就大错特错了，会干扰母子建立特殊关系。实际上，此时需要一个人来保护他们的隐私，让他们心满意足地用完餐或者继续慢慢地互动，使母亲按照自己的节奏完成护理工作。

> 由于恰到好处的保护，共生期更易获得令人满意的体验，新生儿得到的关于环境的最初信息更加积极。这些体验形成了他“基本信任”的依据。

在有的国家，孩子出生时，父亲可以享受假期（英国是2周），这肯定有助于他完成自己重要的任务。即便没有假期，父亲也可以安排好工余时间，继续履行父亲的责任。

现今，我们没有很多孩子，共生期也很短暂。当最初2—3周得到父亲庇护时，我们不仅可以更好地建立“共生关系”，而且（这点更为重要）还可以着手建立“家庭一体”关系。

提供保护屏障并不是父亲在最初几天里能够做的唯一事

图 9 父亲和孩子从开始就能体验到相互的爱。

情。父亲还可以直接介入孩子的生活，利用触觉、嗅觉、听觉和视觉等多种方式，丰富孩子的生活，比如每天给他洗澡，搂抱他、轻摇他，和他说话、给他唱歌。父亲通过肢体接触与孩子进行重要沟通，从最初就建立起直接的父子关系（见图 9）。

阿什利·蒙塔古在《触摸》一书中说："来自父母们的充分触觉刺激可以大大改善人际关系。"

> 新生儿明显表现出愿意和父亲接触，虽然后者有别于母亲，有一双不同的手，但也能够用爱的力量帮助他。

生命最初几周，我们特别重视母子关系，因为这种关系是未来所有人际关系的雏形，当然父子关系也同样重要。他们共同分享许多感官体验，从相互了解和玩耍中得到快乐，孩子自呱呱坠地时起便拥有除母亲之外又一个"爱的对象"。我们将在以后章节中探讨此种情形的诸多益处。

帮助孩子走向独立自主

伴随幼儿发育，父亲的教育角色变得更加清晰。他给孩子展示了一种不同的行为模式。每位父亲或母亲在扮演性别角色之前，都有自己的为人之道。幼儿通过对父母的观察注意到这点。因此，环境中最好有两个不同的人。

> 父亲的积极表现从一开始就能促使孩子很自然地走向独立，这样可以避免他过于依恋母亲，特别当后者是孩子唯一的人际交往对象和快乐之源时。

父亲每天可以在孩子的主要生活时点（洗澡、更衣、玩耍，以及稍后的进食时）与他互动，由此产生一连串动作和语言体验，对他的人格塑造有着十分重要的教育意义。

一旦幼儿能够独自走动（快到 1 岁时），父亲可以和他一起做许多活动，让他信任环境（见图 10）。实际上，我们要

图 10　父亲的陪伴让孩子体验到主宰自己小天地的乐趣。

了解和扩展的空间很大，我们能做的事情很多。这些作为可以改变我们周围的世界。孩子会尝试，为达到各种目标而提高行为自控力，最终实现独立。

> 父亲给予他爱、时间、耐心，陪他玩耍，既教他如何做事，又给他提供一种行为和自我认知的模式，为他积极适应社会奠定了基础。

在每个生活场景中，无论是家里还是家外，孩子总要与他人合作共处。他正是通过与父母一起活动，体验到合作的乐趣，为了一个共同目标携手奋斗。

孩子在父亲帮助下最初几年所获得的体验对于他以正确方式与母亲分离具有重大影响。这种体验还需要孩子有独立自主的意识，也即用大脑支配双手，感受到把握自己世界的快乐。

虽然父亲的教育角色将持续多年，考虑到幼儿发育最初几年的特殊需求，父亲应该迅即进入角色。要知道，我们必须同时助力孩子的生理和心理发育，使他和谐成长。父亲在生理和心理两方面的重要作用从母亲受孕起就显现了，其教育角色不断变化，以满足孩子成长中的不同需求。

第二部分 为孩子做的每件事都是教育

三岁心灵，百岁不变。——日本谚语

为孩子做的每件事
都是教育

第五章
母亲护理

我们知道，信息其实不总是正面的。然而，我们很少认为，成人在人际关系中遇到的困难与他们生命初始时的经历有关，与他们和母亲在一起时的体验有关，与他们儿时被搂抱的方式有关。

什么是母亲护理

我们已经讨论过新生儿无力照顾自己的问题。他不仅在出生时无能为力，而且这种状况会持续很长一段时间。生命之初就对他人依赖，孩子需要一位能够护理他的人，一位与他互动并成为母亲的特别人物。这是我们把人和角色视为一体，谓之“母亲护理”的原因。

除了提供孩子生存必需外（母亲给孩子食物、衣服，保持其正常体温；给他换衣服，保持其清洁等），我们还应该从母亲给孩子提供大量活动和感官体验的角度，考量母亲护理的重要性。

> 母亲护理最主要的特点是将外部世界介绍给孩子，而他则利用与母亲在一起的时光，接收基本生活信息，诸如舒适度、身体接触、食物、社交活动和语言，这些信息让他能够全方位了解世界。

孩子通过母亲护理得到的所有运动神经和感觉体验还给他创造了个人成长机会，有助于身心结合，达到身心融合，使他与自我建立良好关系。更重要的是，他内心感到安全和安定。

孩子身体内“正在发育的人”就是我们所说的自我。他发育得好坏有赖于护理者是否可以满足他每天不同时间所提出的需求。孩子意识到，他可以期待外界对他需求的回应，并且在使唤母亲时体验到自己的力量。当他有某种需求经请求而得到积极回应时，他觉得自己能很好地控制环境。

> 在母亲的帮助下，他每天都在完善与外界的关系，进而准确地理解自我和非我之间、自身与外界之间的区别。

不过，即便回应非常及时，母亲充满爱意和善意，总还是有可能出现只满足孩子部分需求的情况。当新生儿或者婴儿哭叫时，为了使他安静，我们常常把某个东西塞到他嘴里，如食物或者橡皮奶嘴。这种做法一般是对孩子真实需求的误解，反映出我们对眼前这个小家伙的错误认识。这显示出许多成年人持有的偏见，即以为新生儿（或者婴儿）总想获得口感上的满足，只对食物感兴趣。

我们只要记住新生儿有发达的大脑和许多精细的神经感知技能，便能避免如此程式化的回应方式。我们必须认真考虑孩子在胎儿期以及出生后数月，甚至数年内的特殊状况。心理发育远比生理发育更超前。

因此，孩子不可能利用自己身体的某部位以某种我们理解的方式，如说出让人明白的话，来表达内心的欲望和需求。

> 无力的孩子需要细心的母亲帮助他走出不被理解和不能从外界得到所需东西的痛苦处境。

他的生理能力落后于他的心理能力，不能让他表达自己的想法。他无法忍受这种挫折，除非照顾他的人理解他的真实处境，和他产生共鸣。

如果这种无力感时常出现，自我将无法在环境中感到自在，持续的挫折感就此深植于心。即便孩子将来能够完全自由表达，他也不会有任何驾驭感。过早地体验无力感会给大脑某种错误信息并影响他今后的生活，尽管他的生理能力早已今非昔比。

纵然孩子开始牙牙学语，很多年后可以照顾自己，但他内心的无力感依然存在，始终认为外部世界带有敌意，他很难从中获得帮助。

哺乳搂抱与亲情关系

由于新生儿不能自理，所有母亲护理都涉及搂抱和触摸等动作。

“搂抱”不只给无助孩子身体上的帮助。被抱在母亲怀里还意味着他被接纳，同时传达一个信息，即他在新的生活环境中有了一处安乐窝。搂抱的人必须与孩子有某种默契，这样动作才能恰到好处。我们需要了解孩子的感受并做出回应，就如同我们自己的事情。搂抱可以重建类似胎儿期母子一体关系，使他们再次共享生活，无论是生理的还是心理的。

> 胎儿降生后有一种非常有意义的搂抱方式，就是哺乳搂抱，否则新生儿不能吃奶。这是他生存必需的方式，也使得他能够从只为进食被搂抱转变到为亲情被搂抱并建立一种爱的关系。

通过重复性哺乳，孩子体验到（并意识到）如何与他人建立联系以及分享和睦的时光与感情。事实上，他也在准备自己的基本应答程式，以回应成人的爱！这种程式一定是积极的，包含正确信息，因为孩子需要一种充满爱、尊重和包容的关系，正所谓依恋而不强迫，亲密而不失认同。

我们知道，信息其实不总是正面的。然而，我们很少认为，成人在人际关系中遇到的困难与他们生命初始时的经历有关，与他们和母亲在一起时的体验有关，与他们儿时被搂抱的方式有关。

或许某些读者还记得，前不久有人建议，只要满足孩子的生理需求就可以了，不必在意他哭闹，否则会宠坏他。实际上，孩子还有心理需求，比如愿意与他人接触，获得相处的乐趣，或者因为感官体验被限制而变得烦躁不安。这种看法曾经被认为是毫无根据和异想天开的。

我们仍不愿意承认，新生儿是一个心智功能健全的聪明人。出于偏见，我们没有予以他足够的关爱和照顾，不能满足他的所有需求。

今天，我们对新生儿和幼儿惊人的能力有了更多认识，但是不少妇产医院尚未充分重视他们的基本需求。父母们盲目地学一些可能损害与孩子关系的错误行为方式。

> *当我们搂抱孩子时，必须清楚一个特殊生命就在我们怀里，等待我们的帮助，以期茁壮成长。*

孩子潜能的发挥与否在于我们的护理质量，而要保证质量，我们一定要充分了解他。合适的“搂抱”方式会把从亲密接触中得到的喜悦传递给孩子，还有我们的爱意、尊重和对他的欣赏。

护理触摸与社交互动

当我们抱着新生儿准备哺乳时，与他的关系不同于“触摸”时的关系。

“触摸”主要用手触摸孩子的身体，给他穿衣服、换尿布和洗澡。这些时候身体接触不像“搂抱”那么明确和完全，“在一起”的形式有所不同，母子互动的范围更加广泛。

护理触摸时，通常让孩子躺在母亲面前，这是互相了解的时刻。我们看着他，他也看着我们。我们朝他微笑，和他说话。当然，只有把母亲护理当作母子在一起的特殊机会，这一切才能发生；也只有把孩子当作真正有能力和了不起的人时，才会出现以上情景。成人是孩子成长道路上的旅伴！

有太多父母和成人对此视而不见，因为他们护理孩子的目标还停留在尽快完成最明显的生理方面的任务：换尿布、穿衣服、洗澡等。父母也许受过良好培训，工作既有效率又很娴熟，但是他们没有利用好这段时间和孩子相处。他们应该抓住机会，与他沟通并表达爱意。相反他们却例行公事般地完成一些毫无感情色彩的事务，没有投入足够的个人情感。

我们往往迅速而不是慢慢地做这些事情，我们尽量减少动作频次而不是有意识地重复这些动作以便于孩子理解。其实，应当做的是要以简单明了的方式向孩子说明我们的动作，温柔地触摸他身体各部位，说出它们的名称，并让他配合我们。这种配合可以从出生那一刻开始，但需要花些时间得到他的基本信任。孩子是聪明人，渴望与我们互动。

只有在孩子配合下完成母亲护理，我们才真正“和孩子”一起做事情，而不是“对孩子”做事情（见图 11）。故此，

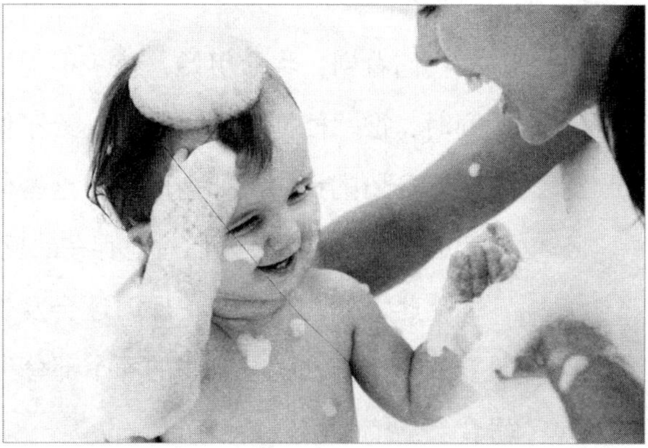

图 11 母亲“和孩子”一起做事情。

我们在家中给孩子一个重要位置，让这个新人发现和其他人在一起是多么快乐。他得到信息："你和我们在一起，我们很高兴与你相处和做事！"这样一来，我们就把母亲护理转化为孩子的社交体验。

> 如果不能愉快地和他人相处，不能愉快地融入我们的环境，不能愉快地交谈、互示笑脸和分享相伴的时光和活动，那又怎能算得上拥有美好的社交生活呢？

从某种意义上讲，当我们决定赋予孩子生命时，已经把他带入家庭，为此他应当感受到我们和他在一起有多么高兴。在母亲护理过程中，"触摸"是营造快乐社交互动的好时刻，让孩子知道社交生活的诸多益处。我们在一起是因为彼此喜欢，有很多事情可以共同开心地做。

孩子的身心融合

我们看到，生命伊始，孩子很无助，需要母亲护理。与此同时，被"搂抱"和"触摸"给了他很多体验机会，扩大了他对环境的认知。如前所述，这些体验传递某种信息，使他了解这个世界以及人们对他存在的反应。

除此之外，在母亲护理时还会发生其他对人的成长极其重要的事情，这就是自我的两个部分——身体和心智——的融合。

融合的第一步叫作“整合”，通常发生在共生期，通过搂抱孩子实现。随之而来的是另一个重要发育期，即“个性化”。

这第二步与肢体触摸行为有着更密切的关系，强化身体和心智融合。孩子能更好地分清内在与外在的区别，更精准地辨认身体轮廓。

“个性化”以身体功能为基础。在这些功能作用下，孩子的整个身心继续融合，开始以理性方式将生理需求与满足这些需求所获得的愉悦感联系起来。

由此引出另外一个重要结果。孩子的本能需求因为收到积极回应而得到恰当的满足。身体功能流畅运转，大脑也会体察到它们的良好状态，从而提高孩子的认知水平，帮助他构建自我。

母亲护理时，如果由孩子大脑传递给身体的信息是积极的，他便会感到满意，有利于与外界建立友好关系。

> 身体与心智和谐共处，这两部分互为满足，联系越来越紧密。它们的融合将成为人格发育的坚实基础。

比如饥饿是身体感觉到的一种需求，因为血糖降低，空腹很不舒服。这种需求经过大脑处理，致使孩子从睡梦中醒来，开始哭闹，寻求帮助。如果母亲及时回应并很快哺乳，孩子得到的不仅是可以解饿的食物，还体验到母爱。

孩子获得的信息包括如何填饱肚子以及如何通过诸多感官体验（观察一张脸、听一种声音、感受肌肤接触的温暖）

尽享人际交流的乐趣。这些体验会转化为精神食粮，由此在感官（身体）输入信息和将信息加工成知识之间建立了一种联系，这是一个心理过程，使孩子在身心两方面得到愉悦。

身体的每个功能都是为自我而设计的，同时给予自我以力量。身体和心智互相帮衬，它们的融合变得日益强大。如果身体有某种需求，心智将该信息传递出去，然后又通过身体获取想要的东西。这个过程需要孩子准确体验对环境的控制力，学会利用人的身心两部分能力并将它们永远融合在一起。

> 人们需要感受到自己身心的融合，目的是寻求内心的平静和与外界的和谐。

现在让我们设想一下，当孩子因饥饿哭闹又没有得到适当回应时将会发生什么。

有时候让孩子长时间等待，会使他变得非常痛苦和极度失落，迫使他决定退缩回去睡觉。这是他在一个未回应的环境中唯一能自己做到的事情。孩子向外界的求助由于被自己否定，加之他与令人失望的环境断绝了关系，最终导致求助不了了之。

人只有将身心分离才能启用防御机能。心智让孩子退回到自己的内在世界，或许还梦想得到一个充满乳汁的大乳房，以此获得虚假的暂时满足感。然而，一旦身体对食物不断提出需求，孩子会再次醒来，整个过程又将重复一遍。

如果孩子感受太多失望，他会学着少提需求，甚或以更激烈的方式提需求，这取决于具体环境和他的身体状况。以上两种情况下，身心融合都不可能实现。

这个自我永远不会感到强壮（因为他对环境无能为力）或者安全（因为他最重要的需求没有得到满足）。生存变得艰难，而为了生存又要耗费本应该用于和谐成长的大量精力。

如果身心分离的体验持续下去，有可能出现“去个性化”问题。不少身心病兆源自身心融合的缺乏，诸如皮肤、呼吸和消化道的许多疾病也都能在生命最初几个月发生的事情中找到病根。

为孩子做的每件事都是教育

第六章 学会与孩子沟通

我们绝不应错过沟通的机会，要记住沟通承载着知识，而且很容易做到，关键看我们如何回应孩子的哭声、躁动、微笑和左顾右盼。

概述

广义上讲，沟通是建立一种人际关系的过程。人总能够与所处环境以及与他们自己沟通。

根据新近对植物的研究，即便在植物界，与环境的沟通和对环境的感知也比以前人们推测的要多得多。沟通应当被看作生命的一个特征，出现在各个层面，生命因此得以存在。总之，沟通就是生命！

毫无疑问，人表现出最大的沟通潜力，有些方式，如说话、阅读和书写，是人所独有的。

> 在进化过程中，生命不断完善并拓展我们的沟通能力，但是很不幸，我们在这方面的许多潜能从来或者很少被利用。

沟通一直在继续。纵然我们想与环境断绝一切沟通，也不可能。缺乏沟通本身实际上在传递一个信息：“我不想有什么联系。”

我们置身于环境，改变着环境，做每件事时都要用身体的各个部位进行沟通，如脸、胳膊、手、腿、脚、衣着和语言。而与我们有关的每件事又都与环境相联系。不管我们是否愿意，沟通就是这样发生的。

我们应当接受训练，更加注意那些不易被发现的信息，以便能够接收它们并予以应有的重视。所有和我们一起生活的人都愿意从彼此更好的沟通中受益。

> 幼儿需要这种能力，尤其当他们还没学会说话的时候，而说话往往是我们最喜爱的沟通方式。

不与环境沟通便不能维持生命，故此我们应当把沟通看作人的一种基本需求。

如今，我们可以迅速地向世界各地发送信息，还可以以人所不及的方式和速度传递文稿和语音。尽管如此，我们仍然需要提高对沟通意义的认识，否则有关声音或者信号不能真正传递给他人，沟通就是肤浅和无效的。

新生儿的非语言性沟通

我们所看到的新生儿是一个有长久经历（指孕期）的人。在此期间，他已经尝试过不少沟通方式了。

受孕几天后，受精卵即将到达子宫时，要建立一种特殊的沟通方式作为生存条件。它必须产生绒膜绒毛，像电话线一样连接到母体，这样就可以开始彼此沟通。该器官一天工作 24 小时，远不止为生存所需的氧气和营养进行简单联系。

随着怀孕时间延续，该器官变得越来越庞大和复杂，促进胎儿发育。由此可知，从生命之初，人至少需要另一个人的帮助，而只有通过不同层面的沟通，生命才得以维持。

我们曾经描述过胎儿期母子之间的频繁沟通，这时所有感官得到充分应用。据此不难理解为什么新生儿拥有很强的沟通能力。即使这样，从我们与孩子的典型互动方式看，我们还是不够重视这种沟通关系的维系。

> 给孩子选用不合身的衣服和床具以及在物理空间上将母子分开，都会阻碍他们在新环境中的沟通，使两人失去发现新沟通渠道的乐趣。

新生儿作为沟通主体之一，他令人惊奇的能力已经为世人所熟知，因此凡与他沟通的人都应当了解他所使用的各种沟通方式。

新生儿活动身体的各个部位，以引起周围人的注意，与新环境建立联系并施展自己的能力。他的行为举止包括：

1. 晃动头、胳膊、手、腿和躯干。
2. 紧盯周围的人和物。
3. 微笑。
4. 哭闹。

每种沟通方式还有许多不同的表现形式，其使用频次视具体效果而定。

沟通是生物体的一个基本特征，伴随生命的出现而出现，通过与环境的反复沟通变得更加丰富多彩。

> 当孩子只得到很少或者没有得到环境的回应时，他即被剥夺了互动的机会。沟通量减少，以至于在极端情况下，会导致孩子与没有任何反应的环境断绝联系。

出生时和出生后的几天里有很多事情要做。护理新生儿的人必须坚信沟通的重要作用，为人的更全面发展提供一切所需。

母子之间的特殊沟通

母子之间的沟通堪称“特殊”，因为刚出生的孩子对母亲马上会显露出偏爱。这并不让我们吃惊，只要想到他们两人在一起已经度过漫长的孕育期，况且在他们的关系中已经建立了不少参照点。

出生是人生的转折点，必定为人的成长创造更好的条件。当然，对沟通来说也一样，孩子可以在外部世界以不同的和更丰富的方式与母亲建立关系。

孩子能够从环境中的各种声响中分辨出母亲的声音，尽最大努力将头转向声源的方向。如果环境中有两种声音，他总是更偏向母亲的声音。

柔声细语地与孩子说话会立即使他的注意力集中到说话人的脸上，很快露出笑容作为回应。如果这种体验一天重复多次，且相互交流频繁，他的微笑会出现更快，持续时间也更长。他明白，声音出自嘴巴，所以他也模仿说话人的样子嚅动自己的嘴巴。

对于新生儿，人脸具有特别意义，他会仔细观察。母亲哺乳时看着他，因此她的脸是最重要的心理因素，可以给他充分的满足感。这张脸是孩子的挚爱，几乎总能引他微笑。

即使母子之间通过声音已经沟通了很长时间，他们仍可以利用视觉和触觉器官丰富沟通方式。因为新生活既保持了以往的乐趣，又注入了新的乐趣，这个重大变化对孩子来说很有意义。

> 不是所有成人都理解声音是一种能够使孩子安静和安心的强大力量。不管孩子怎么不舒服，只要我们发出温柔和充满爱的声音，就总能使他安静下来，至少持续数秒。

孩子出生后具有的微笑能力很快成为与母亲沟通的手段。一看见母亲的脸，他马上报之以微笑。他学会主动回应别人。不过，我们千万不要忘记，由于孩子正在发育，他用微笑回应时是有选择的。对初次见面的人，他一定先仔细审视，过一段时间后才能接纳他们并冲他们微笑。

孩子出生后母亲终于能够看到他的脸，他们之间的眼神交流便开始了。

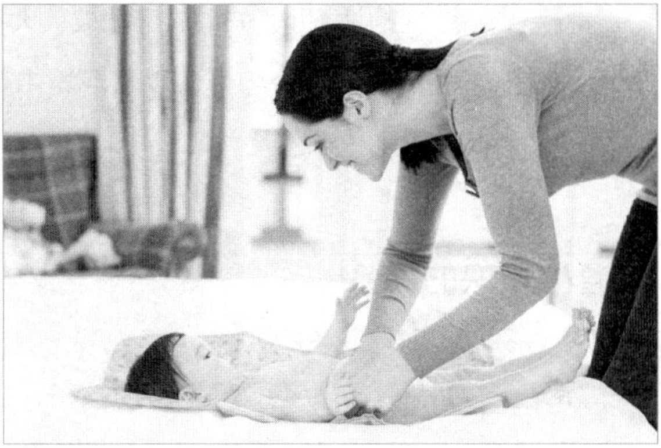

图 12 每对母子关系中的声音、眼神和微笑都将成为他们特有的沟通“语言”。

“我的孩子究竟长什么样？”这个经常困扰怀孕中的母亲的问题，现在终于有了答案。她热切地注视着孩子，不知疲倦地看他、和他说话、触摸他。如果亲昵的时间足够长，孩子会睁开眼睛做出回应，由此母子开始眼神交流。这将始终是他们关系的重要形式。

每对母子以不同方式综合利用声音、微笑和眼神，形成他们特有的沟通“语言”（见图 12），恰似一对情侣。我们绝不会以完全相同的方式向不同的伴侣表达爱意，而是针对每个人采用独特的沟通方式，如手势、身体动作和语言。这些表达方式只有涉及两人关系时才具有真实完整的意思。我们甚至可以用一个特别的宠物昵称替代一个人既有的名字，只在两人关系中的特别时刻使用。

一种丰富和成熟的母子沟通方式非常有助于孩子摆脱分离的恐惧，使他明白，即便自己不在母亲的怀抱里，他依然能够和她沟通，因为注视、说话和微笑的动作可以在一定距离内完成，也就是说两个人待在一起，不必相互依偎。

这样的话，母子关系的空间被放大，沟通能力也相应提高。孩子逐渐成为一个与母亲以及环境中其他人不同的个体，他由此体验到快乐。

沟通与知识的关系

如果成人希望更好地帮助孩子，他们还需要了解沟通的另一个方面。所有沟通方式都会给孩子带来许多关于外部世界以及他能够与之建立关系的人和物的信息，还有关于他自己的信息。

我们再次看到人的内驱力为人体各部位的发育，尤其为丰富知识预设好了程序。

耐人寻味的是，新生儿和其他年龄的孩子尽力尝试与环境沟通，不仅是为了获取食物或者得到照顾。当然，这些生理需求是必要的，也是生存的基本保障，但它们绝不是任何一个年龄段的孩子所关注的焦点。所有努力沟通的目的是要从环境中获得情感和认知上的回应。

> 2—3个月大的孩子很容易学会用手或脚触碰一件悬挂物，然后知道他的行为会产生一种明确的、意料之中的效果。

现在孩子时常咯咯发笑，表现出聪慧快活的一面，因为他能够通过协调动作控制外部世界。然而，只有当他可以自由活动，成人对他的能力有一定信任，并且给他提供合适的物件时，这个重要的自我发现行为才会出现。

有太多的新生儿和幼儿根本得不到体验机会。最常见的情况是，他们要求做某事或者开始沟通时，得到的却是错误回应：一只奶嘴、一些食物，甚或由成人操纵的某些肢体活动，全然不让他们主动参与。

我们绝不应错过沟通的机会，要记住沟通承载着知识，而且很容易做到，关键看我们如何回应孩子的哭声、躁动、微笑和左顾右盼。所有这些行为都是孩子为引起我们注意和与我们沟通所做的努力。

为孩子做的每件事都是教育

第七章
挖掘大脑的潜力

“大脑进行着几十亿次的细胞互联活动，电流从中通过，让人想起了电脑。我们的大脑有如此多的连接线路，假如把它们放入电脑，再大的恐怕也装不下！

神奇的大脑

我们在讨论胎儿期生活和这个生命发育阶段的重要性时，强调大脑发育速度与身体其他部位相比是多么惊人。

我们注意到，在进化过程中脑容量大幅度增加，无论是其功能数量还是质量都不断提高，胎儿出生前 2 个月脑细胞量就优先达到充足水平。

> 大脑持续工作，接收、处理、储存信息，使得我们能够与环境和我们自己联系与沟通。

大脑有上千亿个细胞。详细了解其中的神经细胞或者神经元是很有趣的。和所有细胞一样，神经细胞由细胞膜、细胞质和细胞核构成，分为两种形态。有些形状较短，像树枝那样缠在一起，称作树突(源自单词“dendron”，希腊语中“树”

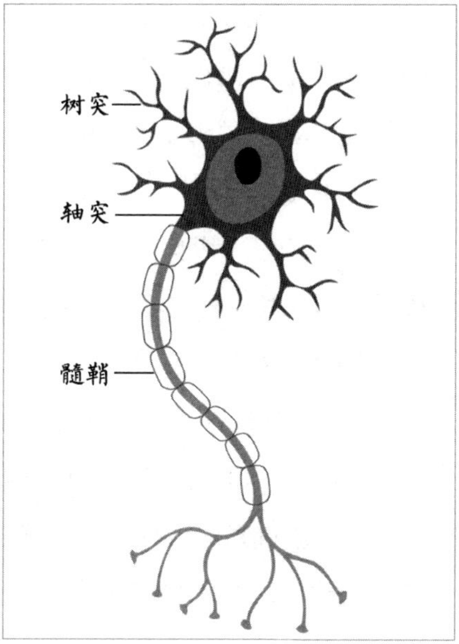

图 13 神经元

的意思）；其他的形状较长，向外伸展，称作轴突。有的轴突长度相当于从大脑到脚的距离（见图 13）。

轴突保障神经细胞与身体所有部位相互交流，所到之处可以将信息从身体外围传递到中枢（大脑）或者从中枢传递到身体外围。

神经细胞通过树突分享信息，这些树突把许多其他细胞连接起来形成信息网，使大脑工作更精准、更迅速。

要计算出神经细胞惊人的相互关系数量是不可能的，因为上千亿个神经细胞中每个细胞从胎儿期开始就有许多树突。对比孩子出生时和出生后仅 3 个月时的大脑皮层，树突数量有着异乎寻常的差异。

只有在持续分享信息的情况下，大脑才能进行精妙工作。

它每执行一项重要和复杂的任务都需要身体各部位的协作，它们始终处于沟通状态，使我们尽可能完成要做的事情。这是说明协作重要性的绝佳范例！

每个细胞工作时都要释放电压或者电流。由于不同电位差的变化，信息得以传递到所需要的地方。细胞本身产生化学传导物质并利用它们驱动这个信息传递过程。

大脑进行着几十亿次的细胞互联活动，电流从中通过，让人想起了电脑。我们的大脑有如此多的连接线路，假如把它们放入电脑，再大的恐怕也装不下！

尽管电脑确是一台神奇的机器，足以完成许多重要工作，然而与人脑比较就相形见绌了。从大脑为人类文明创造出的所有奇迹，如文化、艺术、音乐、科学等，可见一斑。

> 更有趣的是，要知道人类只用了大脑细胞中很小的一部分，即2%—4%，便取得了所有这些进步。可以想见，我们人类是多么非凡卓越，从生命之始就能够对孩子们进行科学教育。

越来越多的脑细胞投入使用，它们的合作将更富有成果，人的无限潜能将得到更充分的开发。

人的“硬件”

更有效地利用大脑的最佳方式，是在生命最初几年里向它输入足质足量的信息。在此阶段，大脑尤显其开发专用功能回路的巨大能力。

拿电脑做比喻。生命初期，每个人都要为自己未来的生活构建个人的基本程序。该程序（或者硬件）应当尽可能准确和丰富，为我们今后想做的任何事情提供最广阔的空间。

举个简单的例子：孩子2岁时都会说他所处环境中的语言。词汇量多少、发音和语法是否准确完全取决于他有机会听到的那种语言。

其他发展领域的情形也是如此。教育工作者还不了解新生儿大脑里有上千亿个细胞，因此对让它们立即工作的迫切性尚存疑问。

我们是否应认真考虑这个待开发的聚宝盆呢？我们的教育体系有太多的东西需要改变，有太多的东西需要发展。

20世纪初，伟大的科学家玛丽亚·蒙台梭利让整个世界为之震惊，因为她让一些文盲父母的孩子在4岁时就能书写和阅读。在她的宽大的教室里，只有一名老师和一块识字板。我们是否觉得有责任和有必要像为孩子身体成长所做的那样，给他们提供每天必需的精神食粮呢？

这种精神食粮叫作“准确信息”，也是孩子们用来构建自己基础思考程序的材料。信息必须是高质量的，而且我们要在正确的时间里给予他们。对于人来说，正确的时间始于胎儿期，一直延续到出生后的最初几个月和几年。

母亲怀孕时，胎儿的神经结构连接系统（树突和轴突）

已经开始发育，出生后即飞速成长。它们构成了头脑的基础结构，用于处理未来的所有信息，由此说明为什么不同环境产生出基础结构不同的人。

即便在同一文化背景的家庭里，给胎儿和新生儿的感官刺激形式也大不相同。

> 神经生理学告诉我们，人在生命之初就有直接进行人际沟通的需求。通过身体接触、嗅觉、说话声音和音乐等方式接收到的基本信息构成基础“知觉结构”，使人受用终生。

我们再次强调，孕期和生命最初几年里所发生的事情是极其重要的。

充满爱心的护理、成人助力、正确的刺激和优质的食物都是新生儿的主要需求。但是我们怎能继续把新生儿和幼儿当成被动的和毫无兴趣的人，而只关心他们的身体健康呢?

正是利用了基础材料，“神经通路”才得以建立，大脑的“基础关联结构”最终形成，这一切为心智活动提供了保障。仅仅几个月的时间，生物电脑的“硬件”准备完毕，它将界定未来所有体验以及与体验有关的处理、记录和回忆方式。不过，当我们不得不谈及那些具有不同结构的人时，基础结构的绝对重要性就凸显了。人与人之间的这种差异使得相互理解充满障碍，有时甚至无法逾越，因为我们缺乏信息交流的共同基础。这种情况被称为“共鸣”，显示了理解的可能性，意指当我们能够接收信息时，可以借助大脑的基础结构理解来自外部的信息。

> 有共鸣，才可能进行恰当的沟通，就好像我们有了相互交流和相互理解的共同语言。不同文化和文明的发展可以回溯到这些不同的基础结构。

不同环境（即不同的基础信息和硬件）也可以说明不同文化和文明产生的原因。在有的环境里，人们寻求和重视感官刺激，如跳舞、唱歌等；在另外的环境里，不同类型的沟通方式和关系受到青睐。

这一点解释了我们的某些好恶，帮助我们更容易地理解和回忆由感官获得的体验，而感官在生命初始阶段就已经接受过很多刺激。

当我们考虑日常生活（家务、工作），特别是在学习中需要彼此理解时，沟通问题显得更为重要。如果学习中两个人的基础结构产生共鸣，那么他们之间任何新信息的交流都会变得很顺畅。对于那些基础结构中感觉通路发达的人来说，以语言方式能更好地传递信息。但在另一些情况下，以绘图、触摸或者面部表达方式则更好。

到了成长晚期，上高中时，有些学生学化学或者物理时，能很快理解写在黑板上的公式；而另一些学生则需要口头讨论，还有的学生需要做相应实验，通过触觉获得“介入式”体验。阅读的意义对于所有学生都一样，然而获益的途径却不一样，因为在学习过程中他们使用不同的基础结构。

所以只要用好“多媒体教学法”，使学生的“硬件”有机会做更复杂的联系，他们在任何学龄阶段都能更快地进步。如果学童们更多地利用感觉通路，他们的理解力会更强，对所学科目的记忆也更深。

沟通和学习中遇到的困难通常不是智力缺陷所致，而是不同基础感知结构之间缺乏共鸣。

> 评估某人是否“愚钝”，我们要想到他可能在生命之初已经开发出不同“硬件”，不妨尝试使用多种感觉方式与其更好地沟通。

教育使各种感官得到同步发展，让孩子们终生依靠大脑从外界接收不断丰富的信息流。

有了更丰富的信息输入，我们可以期待每个人有更美好的生活，也希望今后人们能更顺利地相互沟通和理解。

两个脑半球

大脑由叫作“半球”的两部分构成，其外层为“大脑皮质”，是最晚进化的部分。

进化过程中，人的大脑皮质发展到这样程度（记住，有上千亿个细胞），即它盘绕在一起，以便被正好容纳于颅腔内，不致使整个头部变得过大影响身体平衡。因此，大脑皮质迂回折叠形成脑回。

大脑皮质及其下层部分由非常精致的细胞组织构成，被包在硬容器般的头盖骨里，得到很好的保护。前额、颅顶、颞区和枕部的骨骼共同构成这个容器。头盖骨下的大脑各部分分别被称作额叶、顶叶、颞叶和枕叶。

两个半球之间的持续沟通由数千个彼此联系的神经纤维负责。最近几十年，有关大脑两个半球运行的知识得到极大丰富。尽管两个半球有同样功能的皮质区，如协调动作、感应信息，但是语言功能只在一个半球实现。此半球一般就是控制人手写字的半球。

大多数人的语言中枢在左半球，并用右手写字。大脑因协调动作而发出的信息要经过神经纤维的交叉点。来自大脑左半部分的信息被传递到身体右侧，反之亦然。

> 有的孩子天生喜欢使用左手。环境绝对不应阻止他们使用左手，要尊重自然选择，以避免今后的麻烦。

控制说话和写字的大脑半球同样负责我们的所谓理性思考。说话要遵循“依次而进”的逻辑规则。如果我们改变字词顺序，我们所说话的意思就改变了。数学运算也有同样的问题。所有这些功能都需要大脑分析思考。此半球的工作与人类科技成就有关。虽然科技是我们生活中非常重要的部分，但不是唯一。

另一个脑半球控制身体动作和面部表情，即肢体语言。在此，我们发现舞蹈和运动需要对肌肉进行控制，大脑同步处理大量数据。这类数据经过快速综合加工，使人在动作中得到适时回应。要全面理解与直觉思维相关的情景。这时，大脑同步审视所有信息，然后做出判断并立即给出答案。承担此责任的脑半球（通常为右半球）用图像代替文字，处理不同类型的图形语言以及音乐。

两个半球各司其职，都很重要。只有将两者整合，才能获得更丰富的生活。我们睡醒时，更多地使用语言和逻辑半球，而在睡眠时（特别是做梦时）则更多地使用非语言和直觉半球。两个半球做不同的工作，产生两种意识类型和两种记忆类型。

> 新生儿能够立即显示出这种分工的效果。他们听别人说话时，更多地使用大脑的左半球，但是听音乐时则使用右半球。

如果我们一开始就打算给两个同等重要的半球施以恰当刺激，那么所有教育工作者要非常清楚，人的现实包含两种不同的存在模式。

大脑两个半球可以进行绝妙的合作，通过连接它们的纤维共同分享信息。直觉认知会转化为逻辑语言排序，使我们能够与他人沟通，并且在我们内心形成一种更优的意识形式。文字表达同样可以转化为图像，如果这个图像描述精准，它比文字本身更能成为有力的沟通工具。

了解教育中人的这种双重现实很重要。只有当我们认真考虑存在“双重大脑”这个事实时，新的教育体系才有望出现。

任何年龄的孩子都应当均衡体验语言思维和直觉思维，由此促进开发巨大的脑潜能，不仅使他们的大脑运转更良好，还使他们的个人和社会生活更美满。

大脑两个半球合作越多，我们所做的每件事越富有成果。任何理性分析辅之以图像都会更加完善，我们从来不认为它们的功能可以完全分开。一个全面发展的人必须能够运用大脑两个半球，根据特定工作需要，更多地使用其中某个半球。

西方教育倾向把两个脑半球分开，因为右半球能够做的很多事情并未受到我们的文明的高度重视。孩子们自幼便不学习用右半球充分表现自我。没人鼓励他们关注体育运动、舞蹈、唱歌、绘画和其他艺术。

东方文明更注重大脑的直觉功能，认为逻辑思维在解决关乎我们存在和理解现实世界等问题时无关紧要。

> 孩子们应当有机会使用大脑的两个半球，我们不能直接或间接地误导他们以为一种思维方式比另一种更优越。

我们最大的希望是，在不远的将来，不同文化一致认可我们需要彼此，这样才更加完整，而且有很多东西需要互相学习和共同分享。

从神经系统生理学角度考虑，两种思维方式都很有价值，每种只代表半个人。以前我们把大脑的不同表达方式对立起来，但是现代教育承认，大脑两个半球一起工作不仅很好，还很有益。仅仅通过它们令人满意的合作，我们就可以期许更好地理解我们周围的世界和我们内心的世界。

吸收性心智

大脑是一个神奇器官，有无限的潜力，并且能够分别使用两个半球做特定工作。它在生命最初几年的工作与日后的有所不同。

每个学习行为都以特殊方式表现。大脑细胞依靠一种无意识吸收的形式，毫不费力地接收、处理和储存来自环境的每件事情。即便在胎儿期，大脑也一直在进行这类紧张活动，此为“吸收性心智”的特征。

> 吸收性心智给予幼儿极大帮助，因为它促进了个体发育，使他们很快融入环境。

有了吸收性心智，幼儿很容易学习周围人说的语言。不管语言有多难，他到一岁时便能听懂，第二年模仿各种不同的发音和短语组合。未经任何直接指导，他便有如此惊人的学习能力，完全是由于听觉输入的信息被吸收和储存在大脑中适当的地方，需要时再回忆起来。我们拿语言做例子是因为它很容易得到证实。实际上，幼儿的心智同样可以吸收他所在环境中人类活动的所有其他信息，如动作、音乐、歌唱等。

我们再次面对着幼儿的娇小身躯和他在生命初期所做的海量心智活动之间的巨大反差。如果与他日后几年的学习情形比较，则更令人惊叹。

总体上讲，当父母（通常还有其他成人）意识到如此强大的吸收性心智能使孩子具有特别优势时，他们更愿意合作，以帮助他尽可能充分地利用这种优势。我们可以多种方式观察个体人。然而要是从生命初始观察，我们会惊奇地发现人在整个发育过程中得到了多么持续不断的眷顾。这里有大智慧在发挥作用，所以我们应当承诺为“生命助力”做好准备，营造一个有利于孩子发育的环境。

心智的不同需求

> 科学的教育越是能给孩子们提供其所需的帮助，他们的生活质量就越高。为此，父母和教育工作者要对人的真实需求有明确的认识。

关于人的需求，不同文化给出的答案是不同的。联合国教科文组织就教育问题做过研究，关注到人的全方位培养对其得以更好成长的必要性。依循人类进化轨迹，我们可以确定生命的基本需求。在此条件下，人能够真正表达自我、感受快乐和实现自我。

一个人至少有六大类需求，每类又包含特定的基本需求，只要得到充分满足，便能展现人的丰富潜能。

1. 劳动

人使用神奇的工具——双手劳动。劳动开启了新的历史篇章，因为人在智慧引领下用双手改变环境，使其人性化。

人的这部分本性依然存在于我们每个人。我们还要合理地使用双手，按照我们的需求继续改变环境，并且从劳动中获得极大满足，参与人类文明发展史。

2. 智慧

只有人思考和关心生命的要义。如果一个人不自问“我是谁？”“我在这里做什么？”“我要去哪里？”这些哲学问题，那么他就不能成为真正的人。哲学家，顾名思义是热爱智慧的人，他们探寻人生意义，努力理解人类赖以生存的世界。

3. 宗教

当人们开始思考、反思和自问这样一些哲学问题时，他们逐渐认识到周围世界存在着某种秩序。我们得到生命并生活着，但是即便我们不存在，生命本身仍会继续。

我们参与生活，尽管周围的一切和为了生存所必需的一切不全是我们创造的。领悟到这点，我们即有了宗教情结，承认我们不是这个世界和我们自己的造物主。

> 宗教可以有许多形式，而亘古不变的，是面对天地万物时人们持有的叹服和谦卑态度。其实，我们自己也在其中。

4. 娱乐

这是人从事的与生存无关紧要的活动，能够使生活更丰富和更有意义，包括所有艺术、音乐、舞蹈、聚会以及自娱自乐活动。比如跳舞时我们扭动身体不是因为迫不得已或者为了搬运东西，而完全是为了取乐，这是更高级的动作。

谈到娱乐，我们通常把它当成劳作的反义词。然而我们前面提到的各种需要个人付出努力的活动，虽然目的不同，也是一种劳作。娱乐活动不是必需的，我们可以有选择地搞，自由自在并带有社交意义，时常与他人分享。娱乐活动成为聚会和沟通的良机，将欢乐注入人们生活的方方面面。

5. 政治

任何文明社会，人们多少会对政治自由有所需求，因个人生活问题要求参与决策和选择。我们不愿意在各种事件中成为被动者，在未被征求关于重要决定的意见时便接受来自上层的命令。

我们深切地感到，尊严要求我们了解正在发生的事情，找到最佳处理方法并为此担负责任。

历史进程中，很多人为政治自由献身，他们的行为体现了一种坚定不移、始终不弃的价值观。

6. 同心协力

人们希望消除彼此间所有的障碍，认可共同天性和基本需求。我们承认，每个人都对人类发展做出特有的贡献，所以我们要通过和平友好的方式参加和分享生活，使它变得更加丰富多彩。这意味着人类需要团结一致，取得共识，即我们有同一生命形态，生活在同一星球，并且共同承担保护和发展人类环境的责任。

第二次世界大战后，我们对人类大团结的愿望直接化作具体行动，决定创建联合国。鉴于人们对那场恐怖战争记忆犹新，许多国家人员伤亡惨重，家园遭到极大破坏，一个新时代由此开启。这是一个我们要克服困难的时代，不使用暴力，而是运用人类的能力去思考、理解和相互尊重。

我们还没有完全实现这个目标，但是那些已经处在较高发展水平的人们正在世界各地做着巨大努力。让孩子们的未来更美好，我们看到希望了。

1936年蒙台梭利谈到“世界公民”，1937年又提议成立“儿童党”。她之所以做出全球性努力，目的是让协同育人的理念深入人心，因为儿童是人类的希望。“世界公民”是实现人类“同心协力”的最后一步。直到最近，我们仅仅组建了欧共体，12个成员国的公民持有相同的护照。

在人类进化和成长过程中，前面提到的六大类需求进入我们的历史。某个特定时点出现的某个新需求如今都存在于我们每个人的潜能中。

> 对个人成长而言，激发和鼓励所有这些复杂的需求是非常重要的，因为人想要真正实现自我，就在于满足它们。

以上所有不同方面都应当处于平衡状态以使人的身心处于健康状态。我们需要用双手做某些技能性工作，需要保持清醒的头脑和敏捷的思维，需要用超凡的方法探寻生命奥秘，需要愉快、悠闲地度过一些时光，需要获得某些政治权力，需要与每个人和谐共处！

我们可以将人类的大进化与个人的小进化相比较，勾勒出我们自己的时间脉络，确认是否已经开发了以上各类需求以及它们当下在我们生活中的水平。

如果忽略了自身成长中的某个方面，我们应当意识到这会损害自我实现的完整性，也即我们的各种人格特征的和谐与融合。就像胚胎期里，由于种种原因，身体的某些部位没有发育。当胚胎期一去不复返时（如果某个肢体发育不全，日后我们只能借助人造假肢），心理问题将始终与生命如影随形。

> 心理法则明显不同于生理法则，它随时发挥作用，使生命保持平衡。借助环境的力量，我们在任何年龄段都可以进步，永远走在通向全面实现自我的道路上。

有趣的是，我们每个人身上有不少部位能够利用不同方式借各种时机表达自我。人的一体化就是许多部分的和谐与融合，它们不仅要良好发育，还要一起合作。

优质社会生活的第一阶段始于每个人的内心世界。当我们的心理要素没有得到充分的整合，出现持续的冲突或者受到忽视时（精神疾病的常见诱因！），会给个人、家庭和社会生活带来麻烦。

外部世界是个人内部世界的一面镜子，从中可以看到许多冲突。我们只有利用一种新的教育模式去协调，使我们自身变得更加完整、和谐，才能最终解决冲突。也只有这样，任何层面的社会生活才能得到改善，为人们提供一个适合成长的环境。

这不是一项简单的任务，却又必须要完成。我们真心希望帮助孩子们和我们自己拥有一种更高质量的生活，全面开发我们内心世界的丰富宝藏。

为孩子做的每件事
都是教育

为孩子做的每件事
都是教育

第八章
跨越成长的门槛
——断奶

“和每个重要阶段一样，断奶时我们要向孩子表明我们的基本态度。我们坚信，对他们而言，过渡到下一个成长阶段是再自然不过的事情。我们期望并承认，伴随新食物，在孩子、母亲和环境之间将形成新关系。

食物与孩子的独立性

通向独立的道路涉及生理和心理两个方面，它们相辅相成，我们绝不能将两者割裂开。断奶是沿着这条道路前进的一个重要阶段。

事有良机，机不可失。利用好每个教育阶段将有助于孩子更好地成长。

出生后的第一年，孩子迅速发育，以至于到他5个月大时，母乳便已不能满足其需要。母乳在他生命初期十分珍贵，不久后便要辅之以固体食物。*5个月时，通常有明显迹象表明，他已经进入“断奶敏感期”：

1. 怀孕期间储存的铁元素即将耗尽。

2. 唾液淀粉酶——一种能够消化淀粉的酶出现在唾液中。

---

*世界卫生组织“建议纯母乳喂养直到6个月。继续母乳喂养至2岁或更长时间，同时要补充其他适当的食物”。本章将详述科学的断奶方法及其重要意义。——编者按

3. 牙齿开始长出来。

4. 他能够在四周爬行和活动。

5. 他能够很好地控制自己的手，抓取食物和按照自己的节奏吃东西。

6. 他借助外力能够坐起来。

7. 他对外部世界有强烈的好奇心，包括对不同食物感兴趣。

> 当所有这些新迹象出现时，我们会发现孩子发生了显著变化。能吃固体食物也说明他为更进一步独立做好了准备。

孩子的独立首先是生理方面的，母亲不再被视为食物的唯一生产者。其次，独立还是心理方面的，他现在能够以另外一种方式接受新食物，咀嚼即将取代吸吮。

现在嘴巴有了新用途。由于不再需要喂奶，孩子的食物和进食姿势相应改变。此时,他应该坐在母亲面前吃其他食物，而不是奶。食物形态不同，与母亲的关系也不同，这些是孩子发育中新状态的外在表现，说明他长大了。

与环境的新关系

很有必要了解孩子获得的新能力，包括生理和心理两方面的能力。现在他的身体可以处理更复杂的食物（唾液淀粉酶和牙齿的出现表明消化器官得到完善），且他与环境建立了新的关系，后者体现了断奶期的重大意义。

图 14　断奶时使用的桌椅

婴儿期，孩子通过与母亲的身体接触得到母乳，被母亲搂抱着，处于极度亲密状态。如今他要从面前那个提供食物的人手中得到食物。这个过程中，两人必须相视而坐。此时，适合孩子的桌椅成了重要教具（见图 14）。

我们应该把食物放在桌上，在孩子目光所及的地方。他需要看到食物从哪里来。我们要用适合孩子的勺子喂饭。勺子每次只盛少量食物，然后送入他的口中。只有当他张开嘴时，我们再把食物送进去。必须让他始终觉得可以控制身体入口，未经允许，任何东西都不能进去。不过，我们常常忘记喂饭的深意，想在最短时间内喂完饭，结果很容易使喂饭动作变得粗暴。喂饭应当避免使用蛮力，享用食物在生活中总应是件乐事。

喂饭时要在母子之间放一张小桌子，形成物理空间，这也是心理空间的具体表现形式。从积极意义上讲，“分离”开始了，从此孩子能够强化自己的独立自主意识。断奶前，他已经有过用手抓取面包（或者其他适宜食物）自己吃的经验。

> 断奶对孩子的生活是一个重要转折点。我们注意到一个有趣的现象，只要哺乳行为得当，新生儿对母亲的依附会变得很有益，促其出生后即刻顺利完成环境转换。

良好的依附关系同样可以成为与孩子分离，甚至其日后独立的自然助力。再次强调，日常生活中简单的东西可以转变为强有力的工具，使孩子在生理和心理上取得大的收获。

不幸的是，虽然所有父母会在孩子 5—6 个月大时给他添加新食物，但一般不改变喂食方式，习惯把食物放到瓶子里，继续让他吸吮，从而使他错过了用新方法使用嘴巴的机会。他没有咀嚼的体验，也无法让食物在嘴里多停留一会儿，以便通过各种新的感官信息得到食物的口感和味道。

使用奶瓶会影响孩子对周围食物的本能兴趣。断奶敏感期在不经意中过去，与食物有关的许多问题日后陆续显现。当我们最终决定不让他用奶瓶，而改用成人的进食方式时，不少孩子拒绝改变（只要把握好时机，这种改变非常容易）并继续依赖奶瓶。

根据长期观察获得的经验，我见到过一些 6 岁大的孩子依然用奶瓶吃各种食物，甚至还有一个 7 岁大的孩子从奶瓶里吸食意大利面！

更糟的是，孩子失去了认识自我成长的宝贵机会。由于错过尝试新的进食方式，他不能与母亲和周围世界建立新的关系。

孩子坐在桌旁，使自我发生变化，一种新的人际关系开始形成，并且在以后人生中重复出现。只有我们做人的尊严得到承认，才能在世人面前找到合适的位置。

现在孩子可以作为独立的人把自己介绍给世界并着手建立更多的个人关系。他首先通过食物实现分离，因为食物转变为一种更加重要的内心活动过程的外部动因，由此培养出个性。不同的食物和不同的获取方式与自我分离、独立和成长密切相关。

对孩子来说，食物不再产自母体，取而代之的是成人食物。这使他每天都有机会意识到自己正在成长，可以和周围的人一样参与生活。

如果我们不利用孩子进食习惯改变的时机改变他的人际关系，那么将失去教育的良机，给他的独立成长之路埋下绊脚石。结果是，我们在生理和心理两方面为他安排了一个充满艰辛的未来。

> 父母必须明白，孩子长到五六个月大时已经是一个不一样的人了，尽管身体还很小，但在个人发育上已经取得了大得多的进步。

开始断奶是值得庆贺的事，使父母意识到孩子的成长有多么快。与表示时间流逝的庆生宴不同，我们更强调人成长中那些至关重要的阶段。

准备断奶

如果我们"未雨绸缪"，重要的断奶期会有一个更好的开端，新食物也会更容易被孩子接受。多年的经验表明，要是孩子有机会提前经历某些体验，断奶将是一个水到渠成的过程。

从第三个月开始，孩子明显不同于共生期的他。为了看看外部世界，他已经做了更充分的准备，对周围的一切事物充满好奇。记住这个变化，我们可以试着让孩子体验一些新味道，例如给他 1—2 勺天然的时令果汁。在正常喂奶时间之前的一个小时，当他清醒、安静并四处张望的时候，给他喝果汁，就像餐前开胃饮料。勺子要小，因为他的嘴非常小。较大的东西似乎不合适，甚至有些强他所难。把勺子凑近他的嘴，当他张开嘴或者伸出舌头时，我们滴上几滴液体。

第一次给孩子喂果汁时，他可能显得有些不自在，但通常不会拒绝尝试。试了几天之后，他一看见勺子就张嘴。他想要更多果汁，喝完后会表现出失望。此后，这样的体验可以一天两次。

通过果汁，孩子品尝与人奶或者人工奶完全不同的甜味以及尝试不同的进食方式。勺子放到嘴前，取代了以前喂奶时奶头（或者橡皮奶嘴）的位置。他可以用不同的方式喝果汁，把它含在嘴里，尽情品味，然后再咽下去。

> **果汁的意义不在于提供了多少维生素或卡路里，而在于提供了一个与食物相关的附加感觉信息源。**

当然，孩子会继续按时吃奶。

进入第四个月时（每天两次，一次 3—4 勺果汁），我们可以逐渐增加对于新食物的体验，比如一片放了两三天的硬面包，去皮后给孩子吃。面包要切成让他能够拿得住并送到嘴里的大小。喂完奶即可给他面包，让他继续享受进食的快乐。他什么时候想要，便可以把食物放到嘴里。纯面包或者涂有些许调味汁的面包（一点橄榄油或者番茄酱）皆可。这片面包既产生生理作用，又产生心理作用。

就生理而言，面包帮助孩子适应非流质食物。但必须在恰当的时候让他尝试，否则他会在 8—9 个月大时拒绝食物中的哪怕是一丁点儿固体物质，这迫使父母把所有吃的东西打成糊。第四个月到第五个月似乎正是断奶敏感期。

从心理角度看，面包让孩子第一次体验自己吃东西，也是第一次体验用手控制食物并由自己决定是否送入口中，而无须任何人喂他。这种个人能力的体验远比几块面包更重要。

> 每当孩子自己做事情的时候，自我都会因此得到力量，同时也改变他与环境的关系。

经过多年观察，我们可以说，此时此刻开始断奶的孩子，坐在桌旁不会有任何问题，而且能逐渐接受不同种类的食物。

第四个月，喂完奶后，只有当孩子专心致志且准备配合时，我们才能给他 1—2 勺剁碎的鱼肉（加点盐、柠檬汁和橄榄油做成味道不错的鱼糟）。

与喝果汁相比，给孩子这些食物的量虽然很少，但仍需要适当加工。等他喝完奶再喂他吃，还要让他有足够时间消化。一天喂鱼，另一天喂肝（用小刀切成片，放入盘中在沸水里蒸，然后加点盐、橄榄油和柠檬汁提味）。由于父母也吃肝或者鱼，因此没必要专门为孩子烹制，让他分享环境中的食物即可。这样到第五个月，一般开始考虑断奶问题，这时婴儿体内的铁元素存量快用完了。根据成长发育情况，有的孩子可能要延长断奶时间。可以给孩子喝富含矿物质盐的菜汤。这种汤很容易做，能够由全家人共享。把胡萝卜、土豆、西葫芦和任意绿叶菜（但开始时不要用酸味或者苦味菜，如菠菜或者洋葱）放在一起煮，水里绝对不要加盐。蔬菜中的所有矿物质盐会溶解到汤里，孩子喝的就是这种汤。以后逐步将盐加入他的日常饮食中。一次准备 3 天的汤，存放在冰箱里，家人可以吃菜。

菜汤里还可以加些粗面粉或者米汤（或者类似东西）。一大汤勺粗面粉配比 140 克的菜汤。保持汤的浓度适中，有助于孩子习惯从奶状液体到不完全固体却又比奶更浓的流食的转变。为了让汤有滋有味，我们不仅可以加少许盐，还可以加葵花子油（或者黄油）和干奶酪。然而，最重要的是让孩子坐在桌前进餐。

> 早些时候喂食的目的仅仅是扩充孩子对食物的体验，为断奶做准备。现在我们希望断奶不单是食物形态的改变，还要通过吃的过程改变孩子与环境的关系。

我们想向他表明，他现在是一个不同以往的人，已经长大了。因此他需要一个坐的地方，也许椅子上放个靠垫会让他感觉舒服些。坐得不舒服，谁也不可能真正享受食物。

> 成人坐在孩子面前，看他静静地吃断奶餐。记住，不管食物和喂食方式有多么不同，我们要和孩子待在一起，共享社会生活中这最具人性、最显愉快的一幕。

现在，我们的餐桌旁坐着一位最重要的客人，他就是我们怀胎十月的宝宝，我们正帮助他在人际关系方面成熟起来，逐步走向独立。新食物的给予方式非常重要。汤要倒在碗里，勺子放在桌上，旁边放着孩子的杯子和装满水的小壶。慢慢把水倒入杯子，让他有机会了解我们为他做的以及和他一起做的新鲜事。

如果把汤倒入奶瓶，所有断奶的心理意义便荡然无存，我们只是改变食物内容而已。需要强调的是，当我们让孩子继续吸吮而不是咀嚼食物时，我们实际上是在妨碍他的上腭正常发育和牙齿的生长与固位。对心理自我的任何伤害都会影响生理自我，反之亦然。

第一次用汤代替正餐奶时，不要刻意规定孩子应该喝多少，否则他可能很快就厌烦了，我们不得不马上抱起他喂奶，继续完成正餐。几天后，孩子已经习惯新味道并产生兴趣，他明白勺子会把好东西送到他嘴里，这样他吃得越来越多。

要注意的是，小勺子只能用于喂食。例如孩子生病，不能用同一把勺子喂药。这样他会把勺子与疾病或者不好的味道联系起来，拒绝勺子。

我们把汤加入孩子日常食谱后，可以进一步给他吃蛋黄、鱼或者肝、一点水果沙拉，还有苹果泥、香蕉泥以及橙汁，这是一些不太硬又不完全是流质的食物。

此时我们进入了能够完全用断奶餐代替喂奶的阶段，再持续 5—6 周，具体多长时间要视孩子对新食物的反应和接受程度而定。这个过程中，用一点点蔬菜给孩子做汤，首先用捣碎的土豆和胡萝卜，稍后用绿叶菜。再过一段时间，孩子可以接受加小碎肉的汤。

孩子 6 个月大时，牙齿开始长出来，我们逐渐给他稍硬些的食物，这样不会产生排斥反应。

切记，断奶时要给孩子自己能够拿取的食物，如小片面包、香蕉或者蔬菜。当然，还可以给他一把叉子，教他如何使用（见图 15）。如果他用手抓食物，不要阻止。孩子会仔细观察我们的行为举止，如果我们用叉子吃饭吃得很好，他一旦学

图 15　9 个月大的孩子使用叉子自己进食。

会使用叉子，便很乐意模仿我们。

我们没必要强迫孩子做这些事，对他的努力要表示赞许。我们要清楚，学习吃东西时，手是很重要的工具。当然，使用其他工具的能力也会随之而来，尤其当孩子和为他提供食物的人具有良好关系的时候。孩子一定觉得自己在控制局面，没人强迫他完成任何事情。开始，给他盘子里放少许食物，吃完后再加一些。但是不要让他感觉眼前有一大堆食物。任何年龄的孩子都很容易意识到，只要吃完盘中食物，就能得到更多食物。

断奶可以并且应该是美好的时刻，孩子能够轻松、快乐地享受。如果他拒绝某种食物，几天后再让他尝试。如果他老是拒绝，我们应该放弃，因为出于某种不为人知却理由充分的原因，某种食物就是让他讨厌，虽然那是我们喜欢的。

> 不要执意让孩子吃某些特别的食物，切忌把吃的快乐变成被迫行为，否则孩子与食物的关系可能遭到永久破坏，接下来将引发各种与食物有关的病态行为。

有了以上原则，再加上一点关心和耐心，断奶不仅能成为改变食性的机会，还能帮助孩子变成新人，使他走向独立。

母乳会是另一种形式的依赖，就像子宫，必须要舍弃。从出生那一刻，孩子不再需要被母亲一天 24 小时呵护。现在母亲还要改变自己的角色。当然，孩子依然需要她，但方式不同了。如果我们不理解断奶的真谛继续哺乳，或者为了节省时间而将食物打成汁放在瓶子里，那么断奶作为一个发育阶段对孩子产生的生理和心理作用将会失去。

和每个重要阶段一样，断奶时我们要向孩子表明我们的基本态度。我们坚信，对他们而言，过渡到下一个成长阶段是再自然不过的事情。我们期望并承认，伴随新食物，在孩子、母亲和环境之间将形成新关系。

孩子约 7 个月大时，具体根据他的成长发育情况，可用新食物替代母乳，如面糊、米糊、酸奶、奶酪。实际上，对孩子体验食物没有任何限制！他八九个月大时就能够吃几乎所有成人食物，这是他人性化过程中很重要的一面。渐渐地，他自愿而轻松地摆脱对母乳的纯粹依赖。

此时，他完全能够更多地参与所在环境的一些重要活动。和家人一起围坐餐桌吃同样的食物，是他向独立和成长迈进的又一步。

混合喂养与人工喂养

本章主要讨论食物及其在儿童教育中的重要作用。作为总结，让我们再次审视另外两种最初几个月喂养孩子的方法，即混合喂养法和人工喂养法。

混合喂养是指同时使用人奶和人工奶制品。这是因为母亲的奶水不足或者她无法按时给孩子哺乳。混合喂养的操作方法可视具体情况有所不同。

奶水不足时，我们一定要记住，母亲的出奶量与孩子吸吮产生的生理刺激密切相关。不管他什么时候要奶吃，母亲首先应让他贴近乳房。

使劲地吸吮很重要，因为这是母子间的一种肢体语言。孩子要奶吃，而母亲提供奶作为回应。不管乳房里存有多少奶，让孩子先靠在一侧，等吃完这侧乳房的奶后，再换另一侧。当两侧乳房中的奶都吃完，便可立即喂他已经准备好的配方奶，以完成正餐。

需要补充的牛奶量不大时，我们尽量使用小玻璃杯喂奶，不使用带橡皮奶嘴的瓶子。孩子很快学会用小杯子喝奶，甚至会舔干净。由于橡皮奶嘴太容易使用，吸奶不费力，有可能导致一些孩子吸吮的自然刺激作用停止。

首先要喂孩子母乳，然后必要时再喂配方奶，让两种奶在他的胃中混合，以便消化。

> 采用补充混合喂养法，不仅使生产母乳所必需的自然刺激因素持续起作用，而且母子之间的密切接触在任何喂养时点都依然如故，他们的关系得到维护。

只有当母亲不能保证每餐必在时，才有必要某一餐完全给孩子人工喂养，稍后与母乳交替。除非情况特殊，否则我们不提倡这种交替式混合喂养。因为对乳房的刺激减少到一天只有几次时，会出现恶性循环，奶水逐渐减少，直到母亲决定停止哺乳。

即便母亲使用混合喂养法，尤其把它当作互补手段时，我们始终支持和鼓励她继续哺乳。她应当明白，孩子吸吮乳房几分钟即对两人的身心大有裨益。虽然母乳的量小，但是哺乳行为本身有益无害，因为母子的亲密接触使抗体得以传递，对孩子脸部骨骼的发育也是很好的刺激。如果母亲懂得奶量虽少却十分珍贵，并且能够从容地和孩子在一起，把乳房送到他嘴边，那么母乳生成量完全可能增加（我们有很多实例）。总之，不能因为母乳量满足不了孩子需求就停止哺乳。

有时候需要用牛奶喂养新生儿和幼儿。这种方式也叫人工哺乳法，因为不用人奶，一般用牛奶。牛奶的成分不同于人奶。不管经过稀释，还是增加浓度，牛奶都不可能与人奶相提并论。牛奶含有更多蛋白质、较少脂肪和维生素，缺乏抗体，这些都是它相对于人奶无法弥补的缺陷。

> 牛奶显然不像母乳那样提供孩子成长所需同样质量的营养。我们将在此讨论其他与人工喂养有关的问题，力图减少它的不利影响，使父母准备好以恰当方式帮助孩子。

孩子消化牛奶的时间不同于人奶，需要至少多出半个小时以消化牛奶中的蛋白质，所以餐与餐的间隔必须拉长。无论是自由式还是按需式喂养均不合适；孩子每天牛奶的摄入量必须等量分配，喂奶间隔时间要得当，以利消化器官工作。

另外一个需要考虑的问题是，人奶喂养的孩子的粪便与牛奶喂养的孩子的粪便无论在颜色、气味、浓度和黏度方面都不一样，由此说明消化器官在处理两种奶时是多么不同，排便次数也不同。

人奶喂养的孩子的粪便较软，呈奶油状，每天少量排便2—3次。牛奶喂养的孩子的粪便更硬，而且不易排出，通常一天排一次，有时候孩子还会遇到困难，便秘是常事。由于排便较费力，孩子感觉不适，会把注意力集中在这上面。

我们要避免将某种润肠物（如甘油栓剂）引入孩子直肠，否则会粗暴侵犯他的身体界限，还会改变身体的自然功能，迫使粪便从体内排到体外。非自然的刺激，加之别的因素，有可能使孩子过分关注这部分身体功能。

因人工喂养方式引起变化的还有吸吮方式。喂牛奶时，孩子不需要费太大的力气便可获得食物，在较短时间内用完餐，这样更难得到完全满足。一旦孩子吃完一瓶奶，他会停止吸吮。很多孩子没有充分体验到口腔快感，尽管他们喝够了发育所需的奶量，肚子吃得饱饱的。

> 吸吮的目的不单是为了接受食物，还可以促进母子相互了解、相互依赖和相互关系。

掌握这些情况后，我们要设法弥补人工喂养的不足，多花些时间搂抱孩子，注视他（如在哺乳时那样），给他一只奶嘴，让他继续享受吸吮的快乐。

尤其是在共生期里，只有母亲才能用奶瓶给孩子喂奶，就像哺乳一样，因为这是母子相处的特别时刻，有利于建立特殊参照点。人工喂养也需要培养母子优先关系。母亲的存在不可或缺。她的声音、气味、面容、心跳等必须伴随奶瓶一并传递给孩子，与正常哺乳别无二致。

母亲要舒适地坐在一处便于喂奶的地方，专心看着孩子，避免他只注意奶瓶而忽略喂奶人。虽然食物不来自母体，但它是由一个爱他的人提供的，这才是关键所在。孩子一定会得到这样的信息：和他人在一起非常快乐。人工喂养真正的危险在于，孩子忽视他眼前的人，只关心用食物填饱饥饿的肚子。要是不考虑奶瓶只是替代人身上的乳房，我们甚至可以将瓶子放在枕头边让孩子自己吃奶。这样会产生恶果，即把和谐、快乐的社交生活——与他人愉快地相处，变成了与某物——一个没有生命的东西，如奶瓶相处的乐趣。

母亲的作用非常重要，她给孩子喂牛奶，直到开始断奶。她要像哺乳那样抱着孩子，让他的脸朝向自己。把握瓶子的角度也要合适，使母子能够互相对视。

> 由于瓶子常常反光，建议用手遮挡，以免光线吸引孩子的注意或者因为太刺眼而迫使他闭上眼睛。

总之，应该强调，奶瓶可以替代乳房，但不能替代乳房所依附的人！

喂完奶后，还要多抱一会儿孩子，有时候要多给他些时间吸吮。有的孩子很明显有这样的需求，他们张开嘴巴，寻找可以吸吮的东西。母子在一起时，可以使用奶嘴，但是当孩子得到满足后，应把奶嘴拿走，就像哺乳后抽出乳头一样。

如果将奶嘴长时间放在孩子嘴里，以后其很可能成为他身体的一部分，将来会越来越难以消除对他日后生活的影响。

如果孩子最初得到错误信息，以为进食的快乐来自吸吮某物而不是与他人共处，那么这种错误意识将被他编入自己的思维基本程序中。

父母绝不能忘记自己承担着教育孩子的责任。在他长大成人的漫长过程中需要我们干预。东西只有经人给予，才变得有价值。这种关系应该是人与人的关系（孩子也是人！），不应被扭曲为人与物的关系。如果能够理解这个原则，人工喂养就不会对孩子心理发育造成伤害。

为孩子做的每件事
都是教育

第三部分
人的全面发展

人的一生不过是一个孕育他或她自己的过程。——埃里希·弗洛姆

人的全面发展

第九章
提高动作协调能力

尽管所有孩子早晚都能学会协调动作，还是要说明，任何妨碍他们自由活动的做法，尤其是发生在他们出生的第一年的，都会造成严重的心理问题，影响人格和谐发育。

概述

动作是生命早期发育最重要的方面之一。本章将扼要介绍并照例阐明其对孩子身心的影响。我们只要了解孩子发育阶段会发生什么便能够给予他很多帮助，无须花费金钱或者借助复杂的器械。

> 动作是生命的一个基本特征，也是所有生物必备的生存手段，因为动作能使它们各取所需，躲避伤害。

经过 50 亿年的进化，生物的动作变得越来越复杂，从单细胞生物简单的向前或向后动作发展到人类超乎寻常的精巧动作。

我们将讨论的动作形式是协调性动作，人可以借此实现他的某个想法。这类“有意愿”的动作使人的每个想法和既有计划得以落实。这是人所拥有的可以控制和使用的工具，用于达到个人生活的所有目标。

就动作而言，新生儿离开母亲的子宫时，尚未为在外部生活做好准备。此时的他唯一能够自如控制的身体器官是嘴巴（嘴部肌肉使他能够依附在乳房上吸吮）和喉咙（喉部肌肉使他能吞咽奶，还能通过哭叫吸引母亲的注意）。不管怎样，这是一种很好的自然妥协，解决了胎儿因头太大必须降生（仅仅经过 9 个月的孕期）和他为在外部生存所需最少器官数量之间的矛盾。这也是为什么新生儿只具有最基本的动作能力。

我们在第二章讨论了体外怀孕，其间孩子继续发育。有趣的是，我们注意到新生儿与灵长类动物幼崽相似，正好都需要 8—9 个月的时间才有动作能力。灵长类动物幼崽用手抓住母兽毛皮，持续数周依附母体，使母兽可以在环境中自由行动。我们的新生儿没有这种能力，理由很简单，因为即使所有神经细胞发育健全，但连接肌肉的神经纤维网络尚未被一种叫作髓鞘的特殊物质包住。这层脂膜负责从神经细胞向肌肉传导电脉冲而不致向外发散，恰似电线需要裹一层绝缘材料才能工作。

> 新生儿的生理条件是其神经纤维周围缺少髓鞘包裹的结果，由此解释为什么当他被抱起时甚至无法抬头，需要有人从后面托住他的头。

虽然眼睛动作起初不能被控制，但是只要环境有利，不久便可以。神经纤维的外膜大约在1年内形成，先从身体上部开始，逐步向下延展。

新生儿很快获得随意动作的能力，只需12个月从几乎不能协调动作到做最高难度的协调动作，如用两条腿走路。只有人才具备特别精确的平衡系统，能够完成这样的动作技巧。孩子可以在很短时间内掌握动作要领。当我们看到新生儿无助的样子时，一定记住，随着时间流逝，不管环境多么困难，他会不断提高自己的活动技能。

尽管所有孩子早晚都能学会协调动作，还是要说明，任何妨碍他们自由活动的做法，尤其是发生在他们出生的第一年的，都会造成严重的心理问题，影响人格和谐发育。

动作的不同阶段

在人的动作发展过程中，我们注意到三个阶段，每个阶段显示不同的动作形态，这与各种生物进化所经历的若干阶段相吻合：匍匐爬行、四肢爬行、直立行走。

整个身体紧贴地面（或其他支撑面）移动是爬行动物典型的动作形态。即便它们有腿，腿也非常短，不足以支撑整个身体，只能用其推动身体前行。这类动作与第一章描述的第一类型大脑发育状况相对应。

身体和头部抬起来在空间中移动，是四肢爬行的哺乳动物的典型特征。它们因此可以快速活动，控制更广阔的地域。这种动作形态与第二类型大脑有关。

在四肢爬行和人类直立行走之间，还有一种高级哺乳动物的动作方式，即灵长类动物能够用后肢支撑自己的身体站立起来（但持续时间很短）。这种姿势使它们便于用前肢抓取食物并送入口中，可以进行一系列个性化和社交性活动，因为它们的上肢已经进化出手。灵长类动物予以幼崽特别的母亲般照顾。然而我们仔细观察它们的前肢，发现它们的手不同于人手，尤其是手指之间，确切地说，是大拇指和食指之间的联系。人手特征明显，大拇指和食指相对，可以使人做非常精巧的动作，由此创造整个人类文明——从建筑到书写，从音乐到绘画，以及所有可以丰富我们生活的科技成果。

当我们进化成人，大脑的第三部分得到充分发展时，直立姿势的平衡能力日趋完备，人能够在空间里快速行走，上肢也从平衡身体的功能中解放出来，专注于手的动作。手和嘴成为人体最重要的部分，而且从控制动作的神经细胞和神经纤维数量看，它们还具有得天独厚的优势。

> 非常有趣的是，我们发现控制身体随意动作的大脑皮层区主要负责手和嘴，与之配备的神经数量和整个身体相比实在太多了。

如果用比例表示身体各部位，我们会惊奇地看到手和嘴在我们生命中的重要作用。这时我们变成一只带有巨型双手和超大嘴巴的怪物，身体其他部位显得奇小无比，分明从属于手和嘴，也因此使我们成为人。

再回到新生儿的话题。人出生时的动作能力仅相当于原始爬行动物水平，甚至还略低，因为他不能控制头部动作，只能缓慢移动身体。尽管他仅会做几个简单动作，我们从开始就应意识到并帮助他不断提高动作能力。不幸的是，他经常被放在床上，裹在毯子里，穿着紧束，不能随意动弹。当我们看不到他有任何动作表现时，便以为他没有能力做，从而更加忽视动作在初始发育阶段中的积极意义。

这是最严重的教育失误之一，源自错误认识：他们是婴儿，不能像成人那样活动，甚至根本不能活动。

> 近几十年的研究表明，婴儿具有各种超常能力，这一点丝毫不令人吃惊，尤其我们还记得他们出生前的生活是多么丰富多彩。

不过，官方科研机构依然不承认这些发现，妇产医院里的新生儿始终被限制在狭小空间内，衣着缠身，无法展示任何动作能力。

事实上很难观察到新生儿和婴儿的动作，因为他们动作缓慢，需要一定的施展空间。

护理过婴儿的人都知道，甚至早产儿也能把头靠在床沿上。他是怎么做到的呢？无非是在床垫上滑动身体，动作很慢却很真实。我们通常不得不把他抱回床中间，可是为什么不因此察觉他有一定的动作能力呢，尽管有别于日后的能力？这恰恰表现出另外一种偏见。对新生儿的错误看法使我们不能正视眼前发生的事情。

根据多年观察未满月和数月大婴儿的经验，我们注意到，只要他们不受衣服束缚，并且被放在一个可以自由活动和四处张望的地方，他们马上停止哭闹。活动身体的乐趣如此之大，以至于他们有时甚至忘记进食。当他们试着滑动身体在空间里移动时，神情极为专注，我们很容易看到他们的身体与心智的密切协作。这些孩子正在了解他们自己和周围的世界。

动作的环境

孩子们出生后便会匍匐。如果把他们放在一个宽敞的地方，他们会借助整个身体的力量缓慢移动。只要周围的地方足够大，我们会观察到，他们按顺时针方向移动。使用一块正常尺寸的床垫或者在地上铺一条毯子便足以显示观察结果。我们见过 3 周大的新生儿能够从一头完全转动到另一头，如此说来，他们的每次进步都是在大环境条件下身体内部发育（髓鞘）与外部活动体验（能够重复做一个动作）相结合的产物。

> 为了鼓励刚出生的孩子随意活动，我们需要准备一张比常用婴儿床更大的床，上面放一些有趣的物件作为动作刺激物。

神经纤维髓鞘化的过程非常快，首先从眼部肌肉开始。婴儿在 1 个月内学会控制眼睛，使自己能更好地关注周围的动向。这已经是很重要的一步，意味着他可以自由观察。成

图 16　给孩子提供一张他能够在其上活动和观察周围的床或地垫。

人要意识到他的进步，给予他展现新能力的机会。

如果把孩子放在一张带栏杆的婴儿床里（或者其他更受约束的床），观察便失去了实际意义，因为该能力得不到发挥和提高。促进动作发展的首要条件是给他提供一张有足够活动空间和视线开阔的床。这张床可能就是一块标准尺寸的床垫，放在地板或者带四个小轮子的圆边木架上（见图 16）。

不论什么时候向准父母们建议为降生的孩子准备这样一张大床时，最典型的反对意见便是，孩子可能会从床上掉下来。然而根据几十年直接获得的经验，我们自信地说，如果从一开始就使用大床，跌落的情况根本不会发生，也不可能发生。这是因为孩子的动作非常慢，他不会将整个身体移到床边。一旦感觉哪怕身体一小部分悬空，他都会退回到床中心。

你从未见过小蜥蜴从树上掉下来吧。它只要觉得安稳，便尽可能远地向树枝外伸展身体，否则会缩回到安全位置。十分肯定的是，新生儿至少和蜥蜴一样能够获得身体在空间里是否安全的信息。

> 有关身体悬空的信息通过皮肤传递到更高层的大脑中枢做分析和解读，然后在孩子内心直接产生防卫反应，促使他调整位置，让整个身体再次得到完全支撑。

出生第二个月，婴儿能控制颈部肌肉，不用别人帮助便支撑住头。如果孩子已经有能力变换视线，且可以自由观察周围，那么此时他与环境的关系将发生显著变化。控制头部是认识环境的开端。

第三个月到第四个月时，根据婴儿的身体状况，特别是他既有的体验，动作协调能力逐步延展到手部。他开始有意识地用手够东西，抓住它们并且拿过来。这是一大进步。现在孩子的爬行能力得到提高，如果让他在空间里自由活动，他就能抓取任何令他感兴趣的东西，然后通过视觉、触觉和味觉来认识它们。其实，出生后最初几个月，孩子必须借助身体的这些重要伸展部位感知每件东西（见图 17）。

图 17 由于有足够的自由活动空间，5 个月大的婴儿能匍匐，拿到想要的东西并通过感官感知它们。

当孩子开始使用双手时，我们绝不能阻止他使用左手。几个世纪以来，人们认为左撇子是不可接受的和错误的行为方式，并且花费了大量精力予以纠正。

根据对脑半球各种功能的最新研究，我们获知世界上10%的人天生是左撇子。这种大脑组织的变异应当得到尊重，否则可能给孩子造成语言、学习和行为上的困难。可惜的是，“在社会禁忌和从众心理压力下形成了不鼓励左撇子，却强迫孩子们变成右撇子的社会氛围”[3]。

> 递给孩子某件东西时，例如一件玩具或者一块面包，我们必须允许他使用他想用的那只手拿取。

经常有这种情况：他伸出左手，即便我们并非有意，也习惯在他的右上方晃动东西，只有他明白“想要东西，用另一只手拿”这样的非语言信息，我们才把东西给他。

5个月大的婴儿仍被认为太娇小，实际上他已经有能力掌控周围空间，灵活爬动，这使他体验到趣味和快乐，因为他对环境中任何事物的好奇心都能得到满足。不过，究竟有多少这样年龄的孩子能得到如此好的成长条件呢?

婴儿五六个月大时，确切地讲，他的活动能力大大提高，可以决定是否离开床铺。他向后移动，先伸腿，然后是身体其他部位。这是孩子发育的另一个重大进步。不管他什么时候睡醒，想起母亲，要见她便随时去找，不必再以哭叫方式吸引她注意。他知道自己想要什么（心里有想法），无须要

图 18 孩子在自由探索。

求，凭借身体的活动能力和其他新能力便可以达到目的（见图 18）。一个孩子能够做自己想做的事情，而另一个孩子总需别人帮助，他们两人之间有多么大的差距呀！

玛丽亚·蒙台梭利告诉我们，孩子哭闹表示：“求求了，让我自己做！”一张矮床足以让他很快学会自己做重要的事情。方法如此简便，结果如此重要！

> 必须再次承认，由于我们没有深入了解婴儿的能力，所以缺乏对他们的信任，这将影响他们成长。我们为自己的错误行为辩解，认为是出于对他们必要的关心和爱护。

6—7 个月大时，婴儿能够协调躯干肌肉坐起来（见图 19）。6—8 个月大时，他逐渐从匍匐爬行过渡到四肢爬行，经历所有步骤：用手撑起上身，弯曲膝盖和脚踝以挺起腰背，等等。从这些新动作中，我们观察到髓鞘向身体下部发育的过程。

图 19　7个月大的婴儿能够坐起来。

8 个月大的婴儿，四肢爬行技能日臻完善；9 个月大时可以站立，扶着附近的支撑物踉踉跄跄。

大约 11 个月到 12 个月大时，孩子开始行走（见图 20）。这是跨越式的发展，曾几何时他甚至还抬不起头，现在却靠两条腿支撑起身体，完成复杂的平衡动作。当然，动作发展的一个负面问题是，一般来讲，孩子活动能力越强，他们的行动自由就越受限制。他们只能从床铺到儿童座椅、儿童车、高脚椅和护栏。正如阿黛尔·科斯塔·诺齐曾对我说的那样："孩子被一种有序的安排左右，他的发育因此受到限制！"

时光荏苒，孩子却始终没有机会自由活动和练习动作以提高自身的动作协调能力。如果给他一定的空间，你会发现，他用全部时间活动，而不打搅别人。

> 没有比能够满足孩子们自由活动的欲望更让他们高兴的事情了，此为这个时期他们最强烈的内在需求。

图 20 12 个月大时幼儿可以行走了。

在完善动作协调的过程中，孩子与母亲的关系发生着变化。他学会以另一种方式与人相处：共享同一个环境，观察其他人，听大人们说话或者唱歌。孩子们的沟通方式不再局限于皮肤和触觉器官的接触，他们因此而有了自主活动能力，十分有利于促成一种积极且自然的“分离”。

这段时间适于建立各种关系。出生时，孩子得到一个更广阔的生存空间，连续数周的母子共生期成为依附和独立两种情境之间的过渡期。此后，对外部世界的兴趣和自主活动的乐趣促使他触摸周围的物品，这让他明白他可以和所爱的人为伴并一起做事，无须被人搂抱在怀里。

很自然，喂奶和母亲护理是密切母子关系的时刻，但是要错开孩子自由活动的时间。由此我们体验到健康幸福人群的关系模式。亲密关系和自由活动都可以给孩子带来莫大快乐。如果孩子经常被所爱的人搂抱在怀里，有可能使亲密关系变成牢笼。这时，两个人都失去继续成长的机会，不能给彼此关系增添新色彩。我们需要依附和分离，不过要把握好时机。这种关系形式从孩子出生时就开始了。我们知道，新生儿需要一定的活动空间，便于日后身心发育。限制这个空间等于从两方面同时限制其成长。

> 决定给孩子提供活动空间对父母和孩子来说都十分重要，因为这意味着他们要让家庭生活中各成员之间的合作气氛更加浓厚。

面对孩子的降生，经过头两个月的调整，父母，特别是母亲，能够在找回自己原有的一些自由的同时注意到孩子正快速发育，沿着独立的道路成长。孩子在自己的空间里细致入微地观察周围活动着的人，把他们视为自己行为的榜样。

活动规则就是做动作的要领，孩子们经过视觉观察而掌握。重要的是，我们要明白他们首先要了解动作，然后才能模仿。当动作要领明确后，他们持续努力做动作，只要环境允许，会重复做下去直到成功，并从中感受到极大乐趣（见图 21），因为他们身体的动作能够与内心想法相呼应。从这个时刻起，新学的动作成为孩子的个人能力，在今后的实践中反复应用，得到完善。

由此而论，孩子们学习每个动作时，先观察，后模仿。他们喜欢模仿周围大人的所有行为举止。这种模仿不是被动重复，而是他们希望比照大人那样做。他们似乎很有悟性，明白个人成长只有获得人的特征后方能实现。在这个过程中，我们看到生命力在起作用，它推动孩子们朝着自我实现的目

图 21 孩子从独立活动中感受快乐。

标前进，但是如果缺少有利于其成长的环境，他们的目标就实现不了。

人的活动带来的刺激以及生命本身始终保有的内在驱动力使婴幼儿尤其需要一定的自由空间。这个空间可以大大促进他们的髓鞘形成，便于他们观察环境和模仿动作，让他们获得随意活动的技能。前两个因素，即髓鞘形成和对环境观察，在婴幼儿发育过程中持续存在。可是因为没有足够的活动空间，他们常常无法模仿，强烈的活动欲望得不到满足。

> 当孩子能做好每个新动作时，相应神经细胞之间的联系会不断增强，日益专门化的神经通路越来越发达。

生活在马戏团里的孩子或者其他环境中的孩子，可以模仿成人的特殊动作，如西班牙塞维利亚的和埃及的小女孩会跳弗拉门科舞或者肚皮舞。与其他同龄“正常”孩子相比，他们的动作能力令人惊叹。这只不过是他们从出生时就观察别人表演的结果。我们看似超常的东西，对他们来说几乎是家常便饭，因为那是他们环境的产物。孩子理解消化他们的所见所闻，然后尽可能快地模仿出来，他们的努力得到周围人的鼓励和赞许。

> 孩子和成人一起生活非常重要，这样他们有机会看大人们的行为举止，听他们说话。

我们给孩子们提供充裕的空间，同时也要保护好自己的隐私和物品。他们无须占据整栋房子，只要客厅或者厨房里一个能令其自由活动的角落。

最初 12 个月我们着重培养孩子们的自由活动能力，最佳方法是准备一张前文提到的宽大矮床，让他们尽可能久地待在上面玩耍，不要把他们放在任何限制活动的围挡内。最好在他们活动的地方放一面镜子，使他们能够看到自己的动作（见图 22）。孩子 7 个月左右大时，在墙上钉一根长木条或者

图 22 孩子从镜子里看到自己的动作。

在墙边放一张沉椅子，这样他可以扶着或者靠着站立起来。还可以利用普通家具，如沙发或者靠背椅（见图 23）。

父母不需要特地买家具，只要理解孩子自由活动的价值以及让他们持续自由活动和玩耍的重要性即可。当自由活动得不到保证时，孩子们会觉得人身受到限制，在心理上产生无力实现个人愿望和无法提高个人兴趣的感受。周围的世界变成了牢笼，而非成长福地。

我们可以把一些小的和易于摆弄的物件放在孩子的活动空间里。如此，他不需要克服太大困难便可得到好结果。他会觉得，在自己的小世界里有成功的可能。虽然我们只给他一只彩球，也要考虑大小是否合适，让他能够抓住并自如地拿在手里。出生后第一年，无论给他什么东西都要精挑细选。提高他的动作能力始终伴随着“这是可能的”“我能做到”等感觉。

事实上，为构建自我而设计的动作不是随便什么动作。如果孩子在空间里自由向后或者向前移动，却没有得到任何

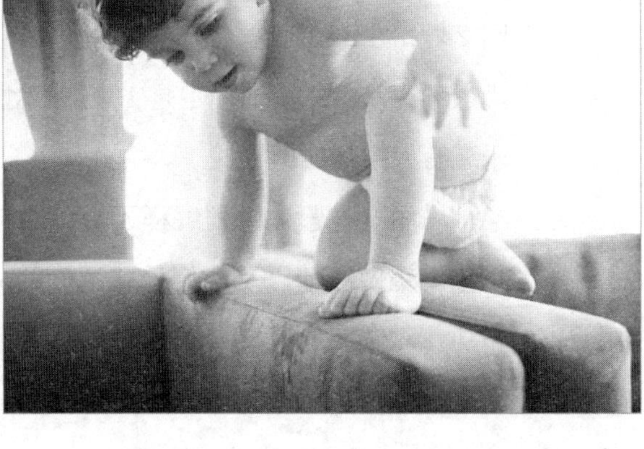

图 23 孩子利用房间里的家具做各种动作。

积极结果，这说明动作没有给他“我自己能做到”的感觉，因为他没有做具体事情。

父母和成人一般能理解孩子需要一定的活动空间，不过光理解还不够，应该将他的活动具体化。活动技能总要服务于心智需要，我们希望促进孩子全面发展。在这种情况下，活动变成自我满足的行为。乐趣在于活动和可能取得的结果，还在于为回应内在欲望而移动身体以及完成动作的成就感。孩子既不需要奖励，也不需要表扬便能专心于活动。

> 孩子们只要能行走，手就从原来帮助移动身体的任务中解脱出来，被赋予新任务，从此一个新时期开始了。

他们的动作将对自己的人格发育产生积极影响。现在他们一定能成为我们的最佳合作伙伴。

由于实现了直立状态下的身体平衡，孩子们可以和我们一起做事，参加所有与照料他们自己和处理家务有关的活动，诸如穿衣、做饭、摆餐具、擦地板、洗盘子、掸灰尘等（见图 24 和图 25）。这些都是“生活琐事”，确切地说，是大人们最不喜欢做的事情。但是 1—4 岁大的孩子却不然，他们很乐意有人招呼他们做。

玛丽亚·蒙台梭利解释了为什么孩子们在出生后的最初几年渴望做事情以及他们乐此不疲的原因。她明确提出成人和幼儿对做家务琐事有着各自不同的目的：“孩子做事情在于塑造一个自己要成为的人。成人做事情是为了改善环境，而

图 24 和图 25 孩子和大人一起做家务。

孩子做事情是为了改善自己。”[4]

生活琐事恰好符合这个年龄段的孩子青睐的事情：这是一些需要他们花力气，且能够看到成果，又对他们自己和家人有用的事情。

这些为孩子们提高动作能力提供了独特的机会，他们还可以因此得到奖励，对取得的具体成果感到心满意足，例如他们学会穿衣服，帮助做饭，为全家或者集体聚餐摆放餐具。

要得到这样让人惊喜的结果，必须给孩子们提供一处活动空间，不单单是物理空间，最重要的是要让他们感受到我们在生活中承认并接纳他们。一旦他们开始与我们一起生活，我们应该根据他们的需要安排生活，准备一个适宜他们成长的环境。成人们总是难以接受孩子们剧烈活动，因为他们有两个非常错误的认识：

1. 幼儿不能控制自己的行为，让他们过多地自由活动势必将他们置于极大险境。

这种认识是不对的。如果生命初始就让孩子们自由活动，他们会大大增加对自己身体在空间位置的感知，而且在尝试新动作时变得非常谨慎，不断练习动作技巧。根据多年经验，我们从来没有见到过这样的孩子有危险举动。他们时刻准备听大人的话，接受劝告，服从指导。

> 孩子与大人相互信任：我们信任他们，他们也信任我们。他们非常清楚我们愿意指导他们，给他们机会成长。

2. 幼儿不懂得保护环境，我们要看好物品，免遭损坏。

这也不是事实。有时候孩子们动作越自如，我们越限制他们的活动范围，让他们做一些没有意义的事情。我们宁愿给他们一些没有真实体验感的玩具，也不愿意让他们触碰周围的物品（见图 26），教他们如何摆弄。他们很快明白我们不相信他们参与家庭或者集体活动的善意、能力及愿望，所以不想和他们分享我们的事情。看起来我们也确实不想与他们合作。

图 26 一个 2 岁大的孩子正在给植物浇水。

这是双输的局面！孩子们失去了开发潜能和融合身心的机会，而成人们则失去了拥有好伙伴的机会，还失去了看着孩子们在我们帮助和照顾下一天天长大的乐趣。

在本章讨论动作的重要性时，我们想起令人称奇的舞蹈动作，还有随着歌曲或者音乐节奏晃动身体的动作。所有人都喜欢舞蹈，所有文明都有这种文化表现形式。孩子们也喜欢舞蹈，他们伴着节奏和其他舞者一起扭动身体，其兴致可见一斑。舞蹈要求舞者对肌肉组织有很强的控制力，也就是说，他要在音乐声中及时展开或者收住每个动作。甚至幼儿也会尽力跟随他人舞动。

今天的科学界承认，孩子生来具有基于胎儿期形成的节奏感。胚胎和后来的胎儿整天随母亲活动，在羊水中摇晃。特别在孕期的最初几个月，孕妇和胚胎的持续心跳使整个胚体在动。所以孩子甚至在出生前就已经受到各种节奏刺激并得到鼓励回应它们。正像阿什利·蒙塔古写的那样："生命之舞已经开始。"[5]

在我们西方文化中，孩子们很少有机会观看跳舞。当他们看到时，会很有兴致地体验舞蹈动作，掌握“动作要领”，尽快和尽力模仿。我们群体中的幼儿和年龄大些的孩子对舞曲总能表现出异常的兴奋和热情。他们躁动不安时，我们可以借此使他们平静下来，也可以引导他们释放精力。

> 孩子们需要活动身体，可是由于种种原因在环境中找不到合适的活动方式，他们变得很烦躁。

对孩子们来说，同样重要的是要懂得，音乐永远是身体动作的结果。即便存在各种自然声响，他们仍需理解音乐是人利用嘴、手和手臂肌肉产生的声音。还应该知道乐器种类繁多，最好有机会目睹音乐家们是如何通过控制动作而获得各种乐音的。如果有人愿意给这些特殊的小听众们“奉献一场音乐会”，他们一定能获得相应体验。每当我们这样做时，反响都很热烈，听众们对音乐家们的精彩表演报以掌声和欢呼声。

动作与知识的关系

我们绝不能只从髓鞘正常形成以及功能性专门神经通路形成的角度考虑动作协调发展问题，还要从与之相关的重要心理层面考虑。我们已经强调过，发生在人身上的任何事情都会产生生理和心理两方面的影响。

动作能力的提高在生理方面表现为神经纤维周围覆盖物生长、专门神经通路形成以及骨骼和肌肉强健。为此，孩子们需要含身体所需脂肪的高品质食物，还需要阳光的滋养，因其可以提供控制有机体内钙和磷效用的维生素 D。

此外，我们应该关注动作在心理方面的表现，包括运动带给孩子们的大量关于他们自身及其所处环境的知识。

如果我们注意到孩子在有目的的活动中所经历的事情，就不难理解动作与知识之间的关系：

1. 他得到来自环境的（视觉或者听觉）刺激。

2. 他内心的兴趣被唤起，有一种寻找刺激源的冲动。

3. 他通过肌肉运动做动作，努力到达刺激源。

4. 他与物体接触后，有关感受的信息被传递到大脑。

5. 新的信息得到细致处理（在他的活动未被干扰的情况下）并转化为知识存储在头脑中，以备不时之需。

如此这般，个人的知识财富不断积累。

现在我们要讨论动作与个人知识之间的关系。这类知识属于大脑储存的基础信息，也是基础性个人程序，包括：

1. 对自己的基本信任

孩子在自由活动时觉得能够实现自己的想法和追求自己的兴趣。重复看一样东西、触摸它、用手和嘴探查它等的体验给人以可靠感，也就是说，我们想要某物时可以走过去拿。人的健康自我正是这样形成的，他能够妥善处理生活中的问题。

> 出生后 2 个月，孩子应该对外部环境有了基本信任。大约 1 岁时，他们开始走路，并且已经花费大量时间测试自己在环境中自由活动的能力。这时他们对自己也有了基本信任。

我们饶有兴趣地注意到，能够以人的方式行走意味着用两条腿支撑身体。在我们看来，前面所描述的两种基本信任就是心理上的两条腿，我们要依靠它们走过一生。如果它们够强壮，表明人格的支柱是坚固的，一个人可以经受住任何打击。但是如果只有一根支柱或者没有支柱，那么人生之旅会变得艰难、缓慢，有时甚至无法完成，就好像一个人靠单腿，甚至无腿走路那样。

2. 自信

当孩子自由活动，体验到在环境中主动劳动的乐趣时，会产生一种能够依赖自身能力的感觉，认为可以凭借个人力量解决问题。这种感觉将伴其终生。未来，即使目标变了（从拿取一件有趣的物件，如彩球，到做学校作业等），心理状态不会变。如果某样东西引起你的兴趣，你需要有所动作，满足自己的兴趣，而且相信自己有能力做到。

这些幸运儿觉得能够得到任何想要的东西，就算最初的尝试不成功，他们也会继续坚持。自信促使他们不懈努力，因为他们已经体验过成功的喜悦。相反，另一些孩子由于缺乏自信，很快停止尝试，尽管他们终究要长大成人。

> 出生后的最初几个月，孩子的自主活动让他得到身心体验的机会，增强了自信。有这样的利器，他可以面对人生的一切挑战。

然而，每当孩子被剥夺自主活动的机会，其正在成长中的自我就会从根本上受到威胁，导致长期的难以估量的严重后果。我们是否意识到，限制幼儿自由活动是要付出代价的？我们曲解他们的活动需求，以有害的方式满足他们，如用食物、奶嘴或者让他们在我们的怀抱里或狭小的空间里被动活动，这难道不是徒劳吗？专卖店里很容易找到儿童木马、弹簧座椅、摇椅、学步车和婴儿床等，这类使孩子们被动活动的东西林林总总！

不久，孩子会走路了，他想要和我们一起做事情，参与日常家务。如果我们接受他，不仅能帮助他提高动作的协调能力和动手能力，还能帮助他获得有关他自己的其他重要信

图 27 小女孩在学用剪刀。

图 28 小女孩在学缝纫。

息并输入大脑。

3. 独立自主意识

孩子们无须凭借外力便越来越有能力满足自己所有需求，逐渐产生了自我宽慰感："我能满足自己的需求。"（见图 27 和图 28）

4. 自尊

孩子们参与日常家务可以提升他们的价值感，以积极方式与他人分享。他们既是所在世界资源的使用者，也是生产者。一个人有了能够改变和转变环境的基本体验后即获得个人价值感，且保持终生不变。"我是有用的"强化了之前"我能做事"的感觉，然后变成"我能做重要事情"的感觉。

5. 社会参与

生活实践具有重大的社会意义。孩子们可以帮助处理所在生活环境中的事务，这对其他人很有益。他们的存在不仅重要，还很必要，能唤起他们对生活和活动环境的责任感。自我继续成长，同时伴随肌肉能力的提高而得到进一步增强。肌肉能力被正确引导并运用到自我实现中。

谈到智力和手的关系时，玛丽亚·蒙台梭利说：“……通过手的活动，孩子达到更高的智力水平。善于使用双手的人性格更坚强。性格发育也得益于此，虽然这看起来更像是典型的心理活动。如果不允许孩子在环境中有所作为，那么他的性格发育就不完全。根据我的经验，如果因环境特殊而导致孩子不能使用双手，那么他的性格发育将处于低下水平，他会缺乏服从或者进取能力，人变得慵懒和忧郁。相反，能够用手活动的孩子表现出成熟性格和人格力量。”[6]

还有很多孩子从来没有机会在环境中表现自己。确切地说，他们越是发挥身体潜能积极表现，就越受到限制、排斥。他们连续收到不准动和不准碰任何东西的负面信息，由此得出这样的逻辑结论：他们的动作不被接受，所以是不好的，并且他们做的每件事都不好。实际上，当他们想主动表现时，往往受到公开责备，说他们“闹”。

> 大人们不了解孩子们做事情的意愿，认为他们的帮忙毫无必要，意指孩子们在生活环境中没有用处。孩子们得不到任何形式的参与，也体会不到任何社会价值。

有的孩子很容易遭受挫折，放弃和我们一起做事的努力。

与其说他们在“做事”，倒不如说在“玩耍”。另一些孩子为获得自由活动和与我们合作共事的机会而执着抗争，尽管过程中不断遇到回绝和阻挠。他们形成了一种索取东西以满足需求的错误的行为方式，认为要想达到目的，就必须与环境抗争而不是合作。这是不少攻击性行为的根源所在：以为只有使用强力才能获得行动自由。这岂不是暴力行为的逻辑！

“攻击性”一词来自拉丁语动词“adgredi”，意思是“走向”。这是每个要与环境建立关系的生物体必做的动作。温情动作与攻击动作的本质区别在于，这两种动作所使用的肌肉力量完全不同。一个人可以“走向”某人，亲吻或者拥抱他或者握住他的手，但如果接触中用力过猛，此人就表现出暴力倾向。

对待物品也一样：孩子们想“走向”它们，了解和使用它们。虽然大人已经提醒，做这个动作要用非常大的力气，孩子们仍可能损坏，甚至毁掉东西。这时，孩子的内在冲动未变，但由于没有控制好肌肉动作，结果给他们个人和群体造成损害，而环境则以激烈和压制的方式予以回应。要是孩子以更激烈的动作再做回应，那么情况将变得更糟。

> 受压制的孩子会与环境进行无休止对抗。对抗中每个人都不高兴，没有赢家。

大人们根本感受不到扶助孩子成长和与一个心怀爱意的合作伙伴和睦生活的快乐，反之孩子也失去构建个人安全感和价值感的机会。没有这些特征，他的自我形象和行为就不可能是积极的。他只能采取与自身形象相符合的方式，依照自己生活中起重要作用的成人们的期望为人处世。这是常见的自我实现预言现象，一场真正的悲剧！

出生伊始，孩子就有自由活动的需求，并且视年龄不同，需要在活动中得到认可和帮助。他们的活动可以变得对自己和他人有价值。生活中，如果活动的生理和心理方面的重要意义不被理解，孩子们会觉得环境充满敌意。各种阻碍改变了他们正常的成长轨迹，髓鞘化和动作协调能力因此受到迟滞。

> 一旦他们学会错误地利用动作，其宝贵的活动能力便彻底沦为负面工具。

只要还记得成人和孩子在日常生活中以多么不同的方式利用动作，我们就能更自觉地帮助后者。14—15 个月大的他能很好地摆放供 10 人使用的餐具，所采用的方法与成人的大不一样。首先，动机不同：成人对此兴趣索然，想尽快完成工作，可是孩子认为这是改进自己动作的机会。因此他每次只拿一样东西，如一把勺子、一把叉子、一只杯子等。做家务的乐趣隐含在不断重复的动作中，每件东西都被放在桌上准确的位置。他乐于往返厨房与餐桌之间，为完成摆放餐具的任务感到兴奋。活动的每一刻他都能看到劳动成果，活动本身是对他努力最好的回报，同时吸引他热情满满地继续下去。显而易见，这种做事方式耗费很多时间，这正是成人和孩子不一样的地方。成人为了争取更多时间，尽快完成日常生活中的重复性事务；可是孩子从做事中体验到的是满足感，把重复做事当作个人成长和自我完善的真正机会。

> 玛丽亚·蒙台梭利在一个预设环境中对孩子进行细心观察，发现成人和孩子做事情的目的截然不同。

如果我们对此熟记于心，就一定会允许孩子们帮我们做事，与我们合作。这可能意味着某些活动需要错时安排，例如，如果我们打算7点钟吃饭，那么6点钟就须开始摆放餐具。当然，完全能够理解父母和其他成人的主要顾虑，即如何让孩子保持安静和远离危险！

有了这些实际工作，我们可以让孩子们高高兴兴地做事，帮助他们改善动作协调能力，开发和强化自我，使个人的安全感、自尊心持续增强。成长中的孩子消化了这些关键的信息，以便顺利参与未来的各种活动：

“我能，我有能力，我是有价值的，和我一起生活的人需要我合作，我做的事对别人很有意义，而且我能通过努力改变我周围的世界。”

衣着对动作的重要影响

衣着对改进孩子动作的重要作用值得我们高度关注，但却一直被低估。给他们穿衣服时，我们似乎只关心保暖和清洁等问题，有时候还特别注意美观。

相对而言，好像很少有父母关心孩子们的活动自由问题。他们的衣着几乎成为活动的障碍。从新生儿开始，他们就被裹在超大的衣服里，袖子把手全部盖住，遮挡了他们身体的一个重要参照点。不仅如此，不少妇产医院里的孩子被毯子包得严严实实，很多世纪以来这种做法司空见惯。把孩子裹在襁褓中，使他们动弹不得，这分明退回到了出生前的状态。

> 其实，胎儿在子宫里始终可以活动部分肢体。可是出生后，孩子不仅没有获得更大空间，反而发现自己被限制在衣服和包裹物里。

新生儿努力用行动抗拒这些限制，他们开始哭叫，不过他们的抗议很少得到正确的回应。父母习惯给他们奶嘴，将他们的注意力从本来必须做的动作转向无用的，甚至有害的动作——变相吸吮。这是典型的实例，从中我们看到原本为促进孩子成长的多么有用的生命力量，现在却从生活第一天开始转变为伤害性体验，直接导致他与整个身心活动脱节，而这类活动又与活动自由密不可分。长此下去，孩子会不断寻求口腔满足感。虽然生活中这种满足感始终很重要，但不能因之替代那些从环境中尚不能得到的其他满足感。

不久，许多新生儿厌倦了为争取活动自由再付出努力。他们从内心开始退缩，把睡眠作为唯一可能逃避不适环境的手段，因为身体在这样的环境中不能对强烈的活动意愿做出回应。有些孩子抗争时间长一些，最终引起母亲或者其他成人的注意。他们被抱起来晃动，这个动作完全不同于他们自主欢快的活动。他们意识到，想要活动时必须求助于人，只有通过护理他们的人才可能活动。“我自己能做”的宝贵体验没有了，对成人的依赖感得到强化。

经过数月，孩子穿的衣服依然不合适，太长、太大，遮盖了大部分身体，继续限制他们活动。他们总要做出巨大努力克服环境中的障碍。

不同国家、不同季节，人们给孩子穿不同衣服，使他们免受气候变化影响，同时给予他们活动的自由：保暖和有弹性的短裤让膝盖露出来，使他们随意移动和爬行；暖和而柔软的短袜让脚轻松自在（特别是脚趾，这样有利于脚踩地板，推动身体向前）；质地轻柔且保温好的布料附着性好。不要给孩子穿许多时装那样布料太硬的衣服（特别是牛仔裤），完全不适合幼儿。

如前文对动作重要性所做的说明，合体的衣服可以大大帮助孩子提升动作协调能力和个人独立性，为他们快乐地全面发展创造条件。

人的全面发展

人的全面发展

第十章 发现孩子的语言天赋

"语言把感官运动的现实感受转变为符号，标志着人类智能发展质的飞跃。先是口语，随后是书面语，孩子们掌握了语言工具，可以不断接收和丰富知识。

语言的奥秘

人的所有能力中，语言能力无疑令人惊叹。这件人与人之间的超级沟通工具使我们能够分享内在和外在世界的一切详尽信息，真是非常神奇。语言对个人和社会发展极其重要，不仅个人使用，也在社会的频繁交往中使用，由此既丰富了语言本身，又提高了所有使用者的知识水平。

每种语言都有巨大的变化空间，尽管变化持续不断，却是潜移默化。对于语言使用者来说，每天都出现新名词、动词、形容词和专用短语，用以表达新情绪、新历史事件和新观念。

人的动作协调能力的发展要经历多个阶段，世界上所有孩子莫不如是，即使他们生活在不同社会群体，一些特殊的动作技能因适应生活环境而形成，但是他们都要先学会匍匐、四肢爬行，然后直立行走。谈到语言，情况就不一样了。他们的学习时间或许相同，可是所学语言五花八门。

世界上的语言不胜枚举。回顾历史，我们总会发现同一现象，即同样的语言潜能，利用方式却千差万别。

语言始于何时？谁最先使用？这么多的语言是如何在人类族群中传播？我们几乎无法回答以上问题。

> 我们的声带所发出的声音虽然音域较窄，但是可以创造出无限的音节组合，对新声音的产生似乎没有任何限制。即使孩子也能构建只有他们自己能懂的个性化语言。

当讨论口语语言形成的逻辑关系，也就是声音有规律地转换成符号时，我们会赞叹人类族群可以用多么不同的方式实现这个转换。古往今来，我们看到人类非凡的创造力，包括其孜孜不倦地寻找和发现各种沟通方式，保持信息传递畅通，努力跨越时空障碍。

尽管不少语言已经消失，我们依然能读到用这些文字书写的文书。这样我们便可以与先人们沟通，了解他们生活的诸多方面，例如他们如何表达自己的情绪，如何安排家庭生活和处理国家大事，采取何种方式应对各种事件，等等。他们所做的努力被记录保留下来。我们还可以以古为鉴，从整体和个体角度更好地理解当今生活。

语言引出许多有趣的话题，促使众多学者潜心研究。近几十年不少关于语言的理论相继问世。若要详细介绍，显然超出本书范围，不过我们可以审视几个流行论点。目前学术界的主要兴趣点在探讨人类这种奇特和神秘的表达形式上。

可以笼统地讲，人在学说话之前大脑早已形成获取语言的机能。幼儿大脑已经输入通用语法的完备知识。然而，每个人都以自己的方式运用语言，表明他们可以编造以前从来没人用过的短语。他们以这种方式参与语言创造，体验人际沟通的快乐和独特性。

语言是每个人类族群积累的财富，它可以让所有属于同一族群的人参与族群生活。如果我们以为语言是由某种呆板方式或者“重复”词汇构成的，我们将永远无法理解语言的伟大。实际上，词汇受思想左右，同时思想又通过我们与他人共同使用语言而受到左右并变得丰富。这是一种相辅相成的关系，由此扩展了人的意识，使人能够理解广阔无垠的现实世界。

同样重要的是内在语言，也是内在对话，帮助我们集中思想、自查自省、自问自答，最终厘清想法。由感性器官提供的所有来自内部和外部的信息，如果不经过脑机制处理就不能转化为思想。脑机制能够将连续不断的信息流转换成可以被理解、储存和沟通的有条理的材料。

> 内在语言需要专注、专心，我们要学会自言自语，以便能够真正地与他人沟通。

可惜的是，语言和思想可以分开，我们用语言表达的事情未必与我们的思想一致，这使得我们的内心感到痛苦，并且造成我们个人表里不一。当知道内心想的事情不被环境接受时，甚至幼儿也可以学会把语言和思想分开，因为他们无法用语言与他人分享自己的想法。这时出现内在分离现象，语言不再受思想支配，也不再用于表达思想，而仅仅用于掩饰思想。

语言的不同发展期

尽管语言起源及其发展意义众说纷纭，但是所有学者一致认为，人获得语言能力要经过两个主要时期：

一是前语言期，从出生（或甚至更早）到 10—12 个月。

二是语言期，从 12 个月到 36 个月。

1. 前语言期

让我们首先讨论出生后 10—12 个月，也就是语言发展的第一个时期。在此期间，孩子做的所有事情深藏不露，外界很少能察觉到。我们要想促进语言发展，就需要了解这个静默过程。如果我们想要改变对孩子的看法，就必须仔细观察他们。

> 基于胎儿期积累的记忆，新生儿能在外部生活的第一时间辨认出母亲的声音并在她说话时把头转向她。

我们还注意到他们对人的声音很快表现出兴趣，这说明他们已经进入到语言敏感期，发现人的声音是环境中他们更喜欢的声音。婴儿出生后最初几周，我们可以靠近他，用平静、甜蜜、温和的口吻对他说话，让他停止哭闹。

> 人的声音能够沟通感情，使婴儿安静和安心。当我们在新生儿听力范围内说话时，声音会在他具有语言中枢的脑半球产生清晰的脑电波反应。

我们还得承认，新生儿的哭声在不同情境中是不一样的，不同孩子之间也有差异。一个孩子哭声的质和量变化极大，知道这一点很重要，因为如果我们关注这种沟通方式，就会发现一种真实有效的语言。声音与节奏是感觉和欲望的一种表达方式，很容易被理解。况且孩子在哭的时候（只要他们的衣服和所处环境允许活动）还利用身体各部位做许多动作，以增强声音的表现力和目的性。

出生后最初 2 个月，孩子的哭声还有一个有趣的现象，这就是他们利用不同的呼吸间隔。从这些套路变化，我们知道他们正在努力与环境沟通。

2 个月后，孩子获得调整声音的能力。这是喉咙的不同神经细胞髓鞘化后其机理变化的结果，也是母亲护理期间他与母亲沟通所使用的主要语言形式。此时他们之间建立了直接联系，有许多机会对视和沟通。

孩子出生后 3—4 个月时，展示出一种新的语言表达方式，他几乎能够清楚、自然和愉快地发出元音。如果环境里的成人对他的声音感兴趣并予以回应，那么他将满心欢喜地开始与人对话，这对双方都有益。

5—6个月时，他发出的某些辅音变得非常清晰，如“m”“n”和“d”，这些辅音已经和元音一起使用，组成复合音，如“妈妈”“爸爸”“大大”。不久，他注意到，当说“妈妈”时，会引起妈妈的强烈反应，这鼓励他反复发出能够引起妈妈反应的声音。他由此发现发声器官具有不少潜在功能，他继续快乐地做练习。在此期间，他一觉醒来便开始说话。他的发声练习引起大人们的浓厚兴趣和关注。孩子学习发声，像和母亲沟通那样回应其他大人，从中发现并得到乐趣。

恰似我们成人逐渐从睡梦中醒来，开始喃喃自语，虽然声音不很大。

练习动作也是如此，当孩子发现肢体可以做各种动作时会感到极大愉悦。学习语言过程中，他慢慢意识到自己拥有非常宝贵的工具——嘴巴和喉咙。

> **探讨语言发展，我们必须区分发声说话能力与理解话语能力之间的差别，因为两种能力并不总是如影随形，通常后者比前者更重要。**

7—8个月大的孩子能够准确地回应与他们共同生活的成人提出的各种建议，诸如“拍拍你的手”“说你好”或者帮他们穿衣服时说“把手（脚）伸过来”。这个时期，他们已经懂得“不”的含义。如果环境足够刺激和给力，他们将不断进步，大约到12个月时就能说一些与家庭成员、食物以及问候等有关的词。这些词称作“囫囵语”，因为每个词可以表达一个完整情景，具有类似整句的功能。

孩子所用词语的意思只有和他一起生活的人才能理解，他们能辨别与这种特殊沟通方式有关的行为举止、语音语调和对话情景。其他人则需要一名翻译，如孩子的母亲，她可以“翻译”和解释单个词包含的所有意思。1 岁大的孩子能够使用三四个囫囵语。

2. 语言期

语言期在 12 个月到 36 个月之间，可以分为两个阶段：

（1）短语阶段（12—20 个月）

（2）去短语阶段（20—36 个月）

> 在短语阶段，当孩子想强调事情的某个方面时，他们既使用同一个词表达许多不同情景，也使用多个不同词表达同一个情景。

尽管词汇量和所使用的辅音数量不断增加，但是个别辅音似乎比较难发音，例如“r”“s”“z”。大多数孩子要晚些时候才会正确发音。

现在开始出现由 2 个词组成的短语，如“妈妈这里”就是所谓“核心短语”，其中第一个词是主语，第二个词描述整个情景。孩子希望引起我们注意的正是这个情景。接下来是“扩展性核心短语”，由 3 个词组成。

这是关键的一步，孩子们试着表述非眼前出现的情景或者人，用词语替代之前的动作以回应各种要求，自此开始真正的对话。他们偏爱名词，特别是发音难的名词。他们的词汇量每天都在增加。诺贝尔奖获得者约翰·埃克尔斯爵士（Sir John Eccles）写道："孩子对学习单词如饥似渴，随时随地问物品的名称，甚至独自一人时也不停地练习它们的发音。"[7] 我们见过 14—24 个月大的孩子学说大卡片（20 × 20 厘米）上罗列的 15 个稀奇古怪的猫名（或者鸟、花、特殊交通工具等名称）。他们全神贯注地学，心情无比快乐。每到儿童之家，他们就把这项学习活动当作头等大事。对这个时期和孩子相处的成人进行培训十分必要。如果后者了解"为物取名敏感期"，适时对孩子学习词语的渴望做出回应，那么就能够使他们的语言变得丰富而精确，让他们受用终生，体现出在理解现实世界时富有意义的实质性进步。

> 孩子们需要逐渐长大成人。当他们知道使用合适词语描述自己经历过的情景并且愿意表述时，他们内心获得极大安全感，也有利于他们正确把控环境。

玛丽亚·蒙台梭利把这段时间称为"语言爆炸期"。到第二年年底，孩子可以使用大约 200 个单词，同时较为清晰地发音，但是他们还不会用代词"我"，他们说到自己时用第三人称代替。

在去短语期（20—36 个月），孩子学习不同词类，短语变得更长、更复杂。他们通过使用、理解语言，显著提高了对外界和他们自己的认识。他们能够描述周围发生的事情以及他们个人的感受，正确判断各种情景，可以说“不”表示反对。

> **大约在32—36个月时，孩子的词汇里开始出现代词“我”，这说明他的自我认同达到了一个非常重要的阶段，是个人迅速成长的标志。**

一个“人”就此诞生，他具有所有人的特征。现在此人对他在环境中的位置和角色有了明确认识，而且在使用“我”时，亮明自己身份，要求别人把他视为唯一、不可复制的“我”。这是孩子成长道路上的里程碑，值得隆重庆贺，就像他自己能够用两条腿站立走路时那样。用两条腿站立是孩子确定生理自我认同的方式，现在又通过使用代词“我”加强了对自己的心理认同。

我们做什么才能帮助孩子提高语言水平呢？

回答问题之前，应当弄清楚学会使用母语要具备三个基本条件：

1. 听力正常。

2. 有能起作用的发声器官，包括嘴巴和喉咙，发育良好且功能正常的神经。

3. 有与环境沟通的意愿。

关于第一个条件，有必要在孩子出生后即检查他的听力，因为语言首先要被接收，任何听力缺陷都会影响或者妨碍接收声音，使孩子不能模仿发音。这是为什么聋与哑总是同时出现。只要尽早发现问题，现在很容易避免这类悲剧。检查孩子的听力应当成为每个家庭（儿童之家）的惯例，因为即便是部分失聪也会严重影响语言能力的提高。我们以拍拍手、摇铃铛或者从背后叫孩子名字的方式做简单检查。如果有任何疑问，父母（或者幼教助理）要告诉儿科医生，以便安排孩子去见专科医生，做更深入的检查。

我们又一次注意到，语言首先要被理解，然后才能被模仿。对孩子清晰、准确地说话是在语言方面帮助他的第一步。我们和孩子说话起初就要慢，声音不能太大，在母亲护理过程中或者其他合适场合，我们描述与他们一起完成的动作。说话的语气要稳重，好像在对一个能够理解说话内容的人讲话一样，表明我们对他们重视并愿意与他们沟通。很自然，一个人可以使用特殊的亲昵语言对孩子说话，包括不同语调和用词。但是，正如在成人生活中两种语言模式总是并存，孩子需要同时学习。

> 一旦他当着我们的面开始模仿发音，我们必须回应，给他建立起这样的概念，即语言是一种信息和与他人交流的形式。

孩子需要学习词汇，还要在实际生活中听词汇。我们每天触摸他身体的各个部位，有很多机会使用词汇，如洗澡时和母亲护理的其他时刻。我们在为他准备食物和喂食时，或者给他穿衣脱衣时，说出有关物品的名称。重要的是，只说出名称，不做任何更多的解释。我们给他看一把勺子，然后重复说两三遍“勺子”，这可以使他的生活变得有条理，很快懂得环境中的每个人和每件物品都有名称。此外，还应当让他“暴露”在成人语言和会话情景中。如果成人语言丰富，内容充实，孩子将达到同样水平。

和孩子说话，成人一定要口齿清楚，注意所使用的词汇，因为孩子的理解力比表达力强得多。无论什么时候他们开始努力表达时，切忌嘲笑或者讽刺他们看似无效而笨拙的尝试。他们需要对自己的沟通能力有信心，这样才能得到鼓励，继续努力。

同样重要的是，切忌模仿孩子说话时犯的语言错误，不要以为他们更能原谅你的行为。其实，他们内心是想掌握字词的正确发音，只是声带发育还不完全，使他们无法清晰吐音。成人帮助孩子最好的方式就是重复这个字词，让他们知道自己的努力得到认可，同时教他们更简便的正确吐音方法。总之，要以尊重的态度承认孩子所做的努力，而不是取笑他们的错误。我们的不同态度会给他们的语言能力造成明显差异，有的孩子 2 岁就能清晰、准确地说话，有的孩子四五岁了还在“牙牙学语”。

> 如果挑选合适，书籍会有很大帮助。我们要了解它们的内容是否真实可信，因为这个年龄的孩子正在体验周围环境和生活，他们需要看到以严谨方式描述的现实世界。

他们相信我们所说的一切，而我们则要坦诚，不能给他们脑子里灌输以后还需纠正的错误想法。所谓现实世界就是活生生的人、家庭以及孩子所处的和直接感受到的环境。他们以此为基础扩展自己的知识。

我们为什么一定要给孩子展示拟人化的卡通动物？又为什么把这些穿着像人、睡在床上和坐在沙发上喝咖啡的动物形象塞进他们的脑子里呢？实际上没有任何东西比我们日常生活更奇妙和更有趣的了，然而我们低估了这个事实，更愿意以我们自己的方式再创造出一个世界。如此的话，我们不仅扰乱了孩子的思绪，还扭曲了他们观察和发现生活奇迹的能力。

> 书籍应该用以说明和证实人们已知的所有事物，提供更多信息，通过真实介绍帮助孩子们为体验未来生活做准备。

只有在孩子体验和理解了现实的事物之后，才能让他们接触幻想的东西，此时他们有能力分辨什么是外在看到的和什么是内心想到的。出生后的最初 3 年，孩子有强大的内在动力激励他们学习语言技能，就像学习动作那样，他们希望得到成人的认真对待。

第三个基本条件，也即沟通意愿，涉及语言的情感方面。只要你希望与他人分享感情和经验，就需要和他们建立良好关系。无论什么年龄，当我们沮丧或者生气时会减少沟通，甚至不沟通。拒绝沟通是我们内心斗争采取的首要策略！减少沟通或者缺乏沟通意味着与他人和环境脱离关系。反之，要是真心想沟通、参与，我们会做出令人难以置信的努力，甚至使用不熟悉的语言。

> 有时候孩子虽然掌握了语言，能够很好地模仿，但是由于情感问题而不会应用。自闭症患儿是极端例子，他不说话是因为他从意识上把自己与环境分离。

所以良好的情感氛围是充分发展和运用语言的基本条件。

出生后最初两年被称为“动觉智能期”，这个时期孩子通过感官和动作了解自己和世界。当他们学会给每条接收到的信息冠以名称时，表明他们正在将具体事物转化为抽象概念。语言把感官运动的现实感受转变为符号，标志着人类智能发展质的飞跃。先是口语，随后是书面语，孩子们掌握了语言工具，可以不断接收和丰富知识。

我们看到，孩子在生命最初几个月里发现自己能够用身体器官发声，这时我们要让他们自由练习。可是他们的嘴巴经常被奶嘴长时间占用，必然导致恶果。持续吸吮使他们以为嘴巴只能用于进食。更为重要的是，要让他们知道嘴巴的其他用途，尤其他可以发声，与他人沟通。这是一个从用嘴巴吸吮获得个人快乐到与周围人沟通获得社交快乐的过程。这也是一种进步，从物（奶嘴）带来的快乐发展到人与人之间互动带来的快乐。尽管孩子想了解周围的人并与之沟通，我们却引导他们寻找错误的满足方式，限制而不是鼓励他们沟通。

学习多种语言

最近摆在我们面前的一个重要问题是，孩子除了母语外是否还要学习一种或者多种语言。父母和教育工作者对孩子掌握双语或者三语有着浓厚兴趣。不过，为了达到此目标，关键要知道何时开始教外语。我们可以从大脑生理学研究中寻找问题的答案。

大脑语言中枢，对于右撇子而言位于左半球，对于左撇子则位于右半球。这种左右功能的分离被称作“侧面化”。大脑侧面区别的遗传程序从孩子出生时就存在了。90% 的人语言中枢在大脑左半球，少部分人的在右半球或者两个半球。孩子出生后，基因程序便开始运行，有事实证明，生活中新生儿 88% 的时间将头转向右侧，只有 9% 的时间转向左侧。此外，当语音刺激时，大脑左半球的脑电活动增加，而当音乐声或者其他非语言声音刺激时，大脑右半球的脑电活动增加。

由于病理学原因，孩子的语言中枢必要时会游离到另一个脑半球，但是这种修复机制到成年期就不起作用了。

> 人脑的功能性倾向或者敏感周期由内在生物钟决定。如果我们要帮助孩子利用这方面的巨大潜能，必须考虑生物钟问题。

有一种解决问题的方法：孩子出生后最初几年，可以在他生活的环境中使用第二种语言（或者第三种、第四种……），也就是说，一个或更多的人和孩子或者当他的面说其他语言。

假如我们能有 2 个、3 个、4 个或者 5 个人在孩子身边说不同语言，他无须特别费力便可轻松理解这些语言，条件是每个人对他始终只说一种语言。孩子没有学习困难，因为他的头脑以特别方式运行，具有转换功能，可以从一种语言跳到另一种语言而不混乱，既不需要翻译，也不会带出母语口音。这只有在孩子出生后最初几年才可能："在这几年中，孩子是学习语言的天才。"[8]

学习语言越早越好。日本人新近开发了一门语言课程，即在孩子出生后 6 个月内，每天给他们播放 3 遍英语录音。当他们在 3、4、5 岁开始和老师学英语时，明显比其他孩子学得轻松。这种现象有生理学解释。出生最初几个月，孩子的语言中枢已经吸收了英语的发音特点和语言风格。如果在他们所处环境中说其他各种语言，情况也一样。

孩子的大脑在出生时（甚至出生前）就为此项工作做好了准备。前面提到的教学方法是有科学依据的，谓之"母亲教学法"，包括直接说、唱歌和与孩子在日常生活中互动。

> 经验告诉我们，和 3 岁以下的孩子说话，同一个人只说一种语言，这是非常必要的。

如果母亲、父亲或者祖母能够流利说两种或者更多种语言，他们要决定和孩子说哪种语言，且始终不变。就像身体所有特征一样，语言也是一个人不可或缺的部分，其改变会给孩子带来极大的不安全感，造成沟通困难。

科学研究表明，如果不给语言中枢提供充足的机会，学习语言的最佳时期便会消失。正如彭菲尔德（Penfield）在各种场合不断强调的那样，小学校应该聘请外语老师。再晚的话，人学习语言的机能将失去超强的吸收和选择能力。为了获得好的学习效果，教育要讲科学，顺应和利用那些正在成长中的人所具有的特殊禀赋。

学习语言时，应该把获得语言模式（发音、句型）和丰富词汇两者区分开。习得前者的最佳时期是孩子出生后的最初几年，而后者通过使用基本语言模式可以延续一生。

很少有人能够流利地说好多种语言，因为父母很难让孩子在出生后最初几年即学习这些语言。重要的是要知道，每个人都有掌握多种语言的潜能。

当今世界已经变得很小，人与人之间的关系更加紧密，因此相互沟通和理解成为重中之重的事情。每个人说几种语言非常必要，正如20世纪初需要向大众普及读书、写字一样。如果我们决定利用科学知识，使教育实践达到先进水平，那么我们神奇的大脑会轻而易举地创造奇迹。

> 玛丽亚·蒙台梭利是这个领域的先驱，她明确指出，只有利用好孩子们的自然成长过程——敏感期，才可能使教育适应他们的潜能。

就语言学习而言，孩子的潜能十分巨大。但是必须承认，我们很少努力为孩子们积累语言财富创造有利条件。我们的大脑皮层就像一个大衣柜，里面只挂了一件衣服，而这件衣服的质地常常又不怎么好！

我们再次引用人脑和语言机制的伟大研究者彭菲尔德的话："教师和父母必须始终分担教育新一代的责任，包括训练每个孩子的大脑。如何以及何时训练他们的大脑，将决定他们今后要么取得伟大成就，要么因自身受到限制而变得平庸。神经生理学家只能说，人脑能够做的远远超过它今天被要求做的。只有根据孩子正在发育变化着的大脑调整施教时间和方法，然后才能加倍提出你的要求和合理期望。"[9]

给父母上预备课时，我们谈过此类有趣的话题并得出结论认为，最好的解决办法也许是安排一组3岁以下的孩子每周多次与一位能够和他们说外语的人聚会。这样，每个孩子家庭的经济负担会减轻，孩子上小学时至少能懂第二种语言。此为权宜之策，除非现行教育体制开始重视在生命最初几年被大量浪费了的人的潜能，以及发达国家采取替代性教育策略。

我们企盼这个时刻尽快到来。通过掌握更多种语言，人与人之间可以增进了解，促进各国良好关系，为世界和平做大的贡献。

人的全面发展

人的全面发展

第十一章
最初三年的
成长危机

“如果事事都能符合前一阶段安排好的计划，那么人会毫无困难和痛苦地通过“考试”，并且发现自己达到了一个更高级的个人成长阶段。

概述

我们成长过程中那些特别的时刻被称作成长危机，指生命发展两个不同阶段之间的重要转变。人应该为迎接这种变化提早做准备，使自己沿着个人成长之路继续前行。不同成长阶段要求人具有不同能力，包括各种生理能力和心理能力，不限于年龄增长。

“危机”一词也许有些模棱两可，日常交流中常用于描述出现的问题。“有危机”是一种消极的说法，意味着某人正在经历一个充满困难的时期，不知道如何应对，面临严峻考验。这已经不是这个希腊语单词的原意——“判断”了。“处于危机”的意思是一个人处于接受考验的状态。在成长危机中接受考验的是孩子，看他为人性化方面的进步做了哪些准备，这就像进行一场考试。针对特殊时刻，只要我们准备充分，营造有利的周边环境，就不会出现太多问题。

> 漫长的成长过程中，一个人要经受许多次“危机”，许多个从一个成长阶段到另一个成长阶段的转变。

这些转变是必不可少的，我们无法回避。如果事事都能符合前一阶段安排好的计划，那么人会毫无困难和痛苦地通过“考试”，并且发现自己达到了一个更高级的个人成长阶段。时间在流逝，个人也实现了较大进步，获得更多发展机会，变得越来越有价值，能够更充分地参与生活。

重要的是，所有父母和成人要理解成长危机的含义，以便知道孩子们的生活持续发生怎样的变化，以及重视成长中的这些特殊时刻有多么必要。当环境适时满足变化着的需求时，各个成长阶段之间的转换会很顺畅。

出生危机

出生是对“成熟”与否的第一大考验，评估孕期所得到的成果。剪断脐带离开母体之后，新生儿为了生存必须证明自己多个器官运行良好。开始时，他要能启动呼吸功能，然后要能进食和消化食物。他早就准备好充足的抗体，抵抗新环境中的病毒侵袭，同时还要补充奶水中不足的铁元素。此外，我们应当注意到，新生儿不但要展示器官的新功能，还要在与以前完全不同的环境中让它们运行。没有任何出生前的生命要素伴随他，如略温的羊水、脐带、胎盘等东西通通被抛弃掉，孩子只把他自己带到了新环境。如此彻底的变化只有在人死亡时才会再次出现，此时傍身之物甚至更少，你留下的是整个躯体。以上这些事情值得我们思考，因为我们不能无视每个人出生时所发生巨大变化的积极意义。

> 出生表明一个人从那个阻碍继续成长的狭小空间中独立出来，还显示出他面对新事物的必然性和可能性，以争取得到一个有利于其个人成长的环境。

这就是为追求质和量更优生活的正向驱动力。为此要摆脱陈旧的过去，走进充满新事物的现在，让所有努力进入新环境的人变得充实富足。

同样重要的是，要理解幼儿不能独自经历转换期和以后的适应期。大自然给他安排了特别助手，主要指他的母亲。她负责继续帮助孩子，方式有所不同，但与新环境相适应。母亲温暖的身体以及她专门为孩子生产的食物是解决诸多问题的最佳方法，可以使创伤性出生过程变成正向危机。这里有一些因素在起作用，包括孩子的内在因素，也有环境因素。即使消化系统在怀孕期间已经完全形成，孩子出生后，由于动作协调困难，仍需要母亲帮助才能贴近乳房。母子必须再结合，以维持生命。虽然出生时的独立尚不完全，却是重要起点，应得到肯定。环境能提供的唯一帮助是给孩子一定的活动空间，让他展示已经能够做的事情，同时支持和协助他完成还不能做但正在尝试做的事情。环境承担了出生前子宫的角色，为孩子留出专为成长所设的空间，直到有必要提供另一个空间，让他有更多成长机会。

我们对成长性出生危机还缺乏全面认识。新生儿依然未得到为通过考试所需要的所有生理和心理上的帮助，尽管他一直为此做着精心准备。试想，一个学习刻苦的学生面对一个不让他说话的考官，而且还问他一些与课程内容无关的问题，那么情况会怎样呢？可怜的学生一定很绝望，这种无法应答问题的窘境让他英雄无用武之地。

这也是不少新生儿面对的问题，他们没有机会施展全部能力，也不能表达想和环境建立关系的愿望。我们常常阻碍幼儿们主动展示所掌握的知识，并且低估他们的既有技能。必须承认，虽然孩子们的生活模式相同，但是为了继续成长，所表现的方式不尽相同。

对环境的依附原本是以脐带形式实现，现在却要通过嘴巴吸入空气和靠在乳房上。这是发育过程中口腔期的开始，之所以这么称呼，是因为嘴巴是孩子身体内与外的界限，也是身体接受氧气和食物的特别接触点，这些物质都是生存必需。嘴巴还可以接收为了解世界和体验心智生活所需要的感官信息，以另一种方式与环境建立联系。如果孩子出生后这种基本关系不能持续并且得不到我们帮助，那么他就不可能成长。

> 为此，我们应当帮助新生儿使用他们的新能力，关键是认识到他们正在经历的进化危机有多么重要。

我们不能把他们看成弱小和无助的人。他们身形虽小，却具有强大的心智能力，甚至不乏生理能力。所有这些只有当环境有助于展现生命时才能得到证实。这就是玛丽亚·蒙台梭利所说的“一个去掉面纱的环境”。

助力生命，我们当然需要爱，然而只有将爱与对孩子的深入了解相结合，才能有效助力，使正在经历成长危机的他真正发挥巨大潜能。

在随后的共生期，所有事情都要依靠母亲或者其他成人，看他们是否为应对成长危机做了充分准备，因为他们必须在正确时间给孩子提供一切实际所需。我们已经谈过，在短短2个月的共生期里，孩子可以大有收获：获得一种基本信任感，即环境会回应他的需求，同时还得到身心融合。这些收获使孩子从生物意义上的出生过渡到本体意义上的出生，确立为一个具有进步能力的人。这个人准备面对其他一些成长危机，也是生命设定的考验，而每次危机对个人成长都是宝贵机遇。

断奶危机

第二个重要成长危机是断奶，这时突出的是生理变化，幼儿能够吃喝和消化奶以外的食物。同时断奶还引起心理变化，也就是孩子对自己和外部世界有了更深刻的认识，意识到自己有别于外部世界，后者在他眼里是一种有待观察、了解的“物”。

断奶危机和食物之间的关系非常有意思，这点正是我们下面要讨论的问题。

断奶表明幼儿不再需要作为特殊食物的母乳，这大约发生在他八九个月大时。此后,他实际可以吃成人吃的任何食物，能够自己从盘子里拿取食物并放到嘴里咀嚼。他的行为方式和我们的极其类似，意味着吸吮期结束，他不必依附于他人进食了。

八九个月大的幼儿能够很好地利用四肢爬行，最终获得关键的独立活动能力，因为他无须成人帮助，便能在空间上与母亲“保持距离”。当然距离不是很远，却意义非常，说明他主动“离开”。他不断尝试，只要愿意，可以随时回到母亲身边。母亲是他个人爱与平安的标的。

> 新的消化能力和活动能力对幼儿以积极方式与母亲分离具有决定性作用，有利于他继续成长。这是一个重大变化，成人们应当予以理解。

也许真正难以理解的是，人在出生后最初几个月快速发育成长，从一个完全无助和满是需求的新生儿变成一个 9 个月大即可与我们分享食物和掌控空间的幼儿。身体虽没明显长大，但脑袋始终很大，每天增加新功能，而这些功能需要得到应用。

这正是环境要承担的责任。如果你继续用奶瓶进食，那么长牙以及知道如何咀嚼和消化复杂的食物又有什么意义呢？如果你被限制在护栏或者其他狭小的封闭空间中，纵使你能活动又当如何呢？

> 只有成人做好准备，才能以正确方式帮助幼儿，充分利用丰富且短暂的发育期，尽管这一点远未被人们广泛认同。

孩子们通常不得不停留和生活在其生理能力受限制的状态中，这尤其会在其心理上留下各种阴影。

我们把离开母亲子宫后的最初 9 个月称作“体外怀孕期”，现在正如第一次出生时那样，我们必须再次帮助幼儿经历第二次出生，他们为此已经掌握一切必备工具。第一次出生时，母亲的乳房代替脐带，现在已不再有用了，被孩子的双手和功能更新的嘴巴所取代。此时嘴里长出牙齿，可以咀嚼食物。当生理成熟迹象很明显，如果我们继续让孩子依附乳房吃奶，将违背成长法则。这个法则促使人向更高目标不断前进。

发展的规律随时在起作用：所有当下必需和必要的东西到将来的某个特定时点都变得不合时宜了。如果继续下去，不仅无益，而且有害。生命没有回头路，它需要辅之以智慧的助力，走向更广阔和更美好的未来。幼儿们不再依附乳房，能够运用四肢自如地在自己的专有空间内活动，却不断绝与母亲的关系。这似乎引起一些人的担忧，他们一直鼓吹哺乳可以持续多年。实际上，母子关系会转变为另一种相处方式，虽然相互间肌肤接触少了，可是更多的接触来自如视觉和听觉器官那样的传感系统，在一定距离内就能接收彼此的信息。母亲和孩子生活在同一个环境中，快乐地各忙各的事情，然后以更愉快的心情相聚，重温母亲护理和相互搂抱的亲密关系，分享直接接触的独特乐趣。

“独处和共处”交替存在，给个人活动留出成长空间。孩子已经成熟，他们要为继续成长而发挥自己的新能力。

八九个月大的幼儿面对进入他们环境的陌生人做出特有的反应，这种行为被称作“认生焦虑”。他们显得害怕，甚至哭叫着寻求母亲的安慰。这不应该被看作负面表现，因为所有年幼的孩子都害怕生人；相反，应当把它作为孩子增强自我意识的正面表现，这时他们能够清晰地将自己和母亲与周围环境区分开。事实上，只有当陌生人靠得太近，甚至举起或者搂抱他们时，幼儿才会表现出害怕。我们成人是否也愿意接受一个陌生人如此这般的礼遇呢？每种生物在其生活环境中都需要安全感。在个人最低限度的安全空间内，任何未经允许而出现的人均被认为是对我们生命的粗暴侵扰。正如你想进某人家，必须先敲门，等待主人主动开门，否则你的到访就是一种侵犯！

> 根据我们多年的经验，只要陌生人有意识地保持距离和少说话，幼儿就不会害怕他。

他们需要时间观察他，常常细致入微，然后决定如何应对。如果孩子接纳他，会冲他微笑，这时成人可以凑近些。无论如何，在孩子没有做出第一反应以及没有明确表示想和他人接触之前，成人切忌触摸他们。

这样的程序是不是很奇怪？9个月大的幼儿是具有明确自我意识的个体，不能容忍别人把他们当成玩物随意抱来抱去，丝毫不顾及他们要掌控个人空间（他们的身体所占据的空间）的基本需求。孩子喜欢了解和接触人，但在这个年龄要经过他们允许。他们感到，未经自己明确同意，任何人不得靠近、触摸自己。他们的害怕和哭叫恰恰反映出在受到比自己强壮的人摆布时所体验到的恐惧感，此乃人之常情。强者利用这个机会过于直接地将自己的存在强加给孩子。

> 害怕的感觉不是因为缺乏社交能力所致。孩子们总是对建立关系和了解别人表现出兴趣，而每个人都代表某种新事物，因此让他们害怕的是我们成人错误的行为举止。

他们已经发育到足以清晰分辨自己与外界之间的界限，并希望完全控制和确信人们尊重这些界限。或许把这个时期称作“对自我和外界明确认知的危机”更贴切。我们还应当格外关注幼儿们对周围发生的事情有多么强的理解力，如成人行为的意义、时间的流逝（典型例子是，在父母或哥哥姐姐每天回家的时间，他们会紧盯着房门方向看）以及语言。这场危机无非是通向一个更高级成长阶段的过渡时刻，对孩子身心发育意义重大。

像我们曾经高兴地看到新生儿能够自主呼吸那样，现在孩子们无须吃奶便能够生存，还可以从母亲身边走开（哪怕就几步远！）。重视如此简单的分离，意味着承认这是人生的必由之路，孩子们越来越成为他们自己，实现自我认知，在平等的社会中做一个独特的人。对幼儿来说，我们的帮助仍然不可缺少，但是要符合生命的新需求。这个年龄的孩子要经受考验，看他们是否为第二次出生做好一切准备，如消化成人食物的能力、在空间自由活动的能力、明确区分自我和环境的自我认知能力。有了这些能力，他们和别人相处时就会轻松自如。

> 断奶危机还是个人成长中具有积极意义的时刻。我们需要通过改变食物进而改变人际关系，保证孩子们在一个有限却安全的空间里自由活动，让他们尝试做力所能及的事情。

这种自主行为促使孩子构建正面的自我形象并将其保持终生。母亲和其他帮助他的成人为他提供食物，既为了他身体健康，又为了塑造他人格的心理特征。

体外怀孕期结束时，孩子已经对环境和自我有了基本信任，由此区分出自己，且足以让自己快乐和安全地成长。为了与他人相处时感觉自在，个人首先要保持内心自在。从社会生活中体验到的快乐应当与回到家时的感觉一样：不管是外出还是回家，两种情况同样重要，互为补充。当然，要愉快地出行，个人必须对自我有安全感。孩子断奶时即获得这种安全感，此时他完全清楚自己身体的界限并认为可以掌控它们。

令人不可思议的似乎是，以上所得对一个人的未来如此重要，却在短短9个月时间里相继完成，而且由一些简单事情引起，如喂养方式的改变和有限的自由活动。

> 其实我们经常注意到，积小善者可成生命壮举。我们绝不能忘记，参天大树源自小小种子和涓涓细流，还有土壤和阳光。

生命力是永恒的源泉，不断创造奇迹。我们看到它在所有生物进化中发挥着作用，在人类发展中尤显特殊。

只要我们睁开眼睛看看这些奇迹，就能激励我们以正确的方式帮助那些处于生命早期的孩子。断奶过程中，我们必须为孩子的分离体验做好准备，通过喂食和身体活动，使分离自然顺利。幼儿在离开父母或者成人后，还会经常回到他们身边，也许只是为了亲密接触而被搂抱一下，但是时间不会太久。一旦得到安慰，在强烈的内在驱动力作用下，孩子们便想再次离开，继续自己的探索活动。成人必须接受这种行为模式，随时停下手中的事情，以便立刻回应孩子们的要求，因为他们没有时间概念。

说“等5分钟，然后我抱你”这样的话，等于拒绝和孩子亲近。此时此刻他特别需要跟人亲近，口头承诺不能让他满意。即便后来我们试图花费更多时间陪伴他也于事无补。相反，我们应当暂停正在做的事情，回应孩子，不久他自己就会要求离开。这种互动看似烦人，好像父母成了孩子的仆人，实则不然。这是孩子成长必须经历的阶段，需要对依附与分离的感受不断进行验证，直到他终于能够正确应对这两种情景。

智慧包含理解，就是说与孩子的这类互动是一个过渡期，目的是为了使他们获得更大程度的自主。他们只要学会走路，2 个月或者 3 个月后，便能够和我们一起活动。这样的合作促使孩子与环境形成新的依附方式。

另外一个常犯的错误是，总想让孩子留在你身边的时间超过实际需要，或者让他依附在乳房上（已经不再需要），或者把自己变成孩子必须依靠的人，而不给他时间体验自由活动的快乐。

> 由于每次变化都有最佳时点，我们应该悉心观察，勿使孩子处于与其真实能力不相适应的被动依赖的状态，否则个人成长将受到阻碍，与他年龄相对应的心理结构也不能随着日月流逝而发展。

我们必须准备好与孩子保持接触，尽管表现形式有所变化。只有这样，我们才能真正助力他成长。

逆反危机

第三次成长危机发生在孩子 30—36 个月大的时候，表明人格构建的第一个基本期结束。这次危机称为逆反危机，但是这个词并不准确，因为它给一个实际上具有积极意义的成长阶段冠以消极的含义。危机表示孩子朝独立和人性化的方向又迈进了一大步。

大约 3 岁时，孩子可以很流利地说话，用代词“我”称呼自己。他们的活动能力也很强，甚至可以跑，对他们所在的世界有了准确的认知。现在他们具有人的明显特征，很清楚地意识到自己的成熟程度。他们正在等待和期望被接纳为成人。

> 当孩子对成人提出的几乎每件事都说“不”，证明自己可以不按照成人希望的方式做出反应时，危机即开始了。

这种变化通常突如其来，让许多父母不知所措，几乎认不出自己的孩子。其实孩子不再接受的是我们对他说话的方式，因为我们总强调他还小，命令他按照要求做。在这个阶段，他希望成人们在决定与他有关的事情时能够考虑他的想法和征求他的意见。事实上这都是些与日常生活有关的简单决定，如吃饭、穿衣等。但是每个行为的背后都隐藏着孩子与环境的关系。

如果我们早早地注意到孩子的能力所在，努力采取正确的方式和他共同生活，加强与他的合作，那么逆反危机可能永远不会爆发。孩子的自我一般在得到成人保证后，便不再为此抗争。例如，当我们想带孩子外出，给他穿大衣时，我们应该示以关爱和尊重的态度，将身体转向他，请他和我们一起外出，让他自己去拿大衣（挂在衣柜里他能拿到的地方）

并穿上。这么做显然更妥当，而不是我们拿起衣服，不做任何解释，拉着孩子给他穿上，告诉他必须出去。对于3岁左右的孩子，我们的不当行为会引起他的对抗，导致权力之争。成人可以利用语言和身体的力量结束孩子的抗争，但是后者却失去了一次宝贵的体验机会，即他本应感受到自己已经长大成人，可以被当作有决定能力的人以及自己的意见会被人重视。孩子的自我本应收到这样信息："你在这里很重要，我们做的事情都要经过你同意。你说了算，你可以参与这个环境中的活动。"要是成人能够理解幼儿说"不"的意思是他希望被认可，成为有能力解决与自己相关问题的人，那么他们就会比现在更多地征求他的意见。在此应该强调，我们并不是建议让孩子决定要做什么，而是避免只给他发号施令。可能的话，让他二选一。我们可以说"你想穿大衣还是雨衣？"准备接受孩子外出时穿任何他喜欢的衣服，即便我们更喜欢另一件。

> 在逆反期，我们真正需要做的，是帮助孩子确认他在家中的重要地位。一旦吃了定心丸，他便会停止说"不"，继续与我们和平共处。

只有那些不被强迫而心甘情愿的人，彼此才能真正合作。也只有在不受约束时，才能自主选择。

我们要学会使用完全不同的方式与孩子对话，甚或在逆反期到来之前。除非克服对孩子的偏见，不再认为他们还太小，我们才能学以致用。其实有必要重申，他们只是身材娇小，但心智或者做事能力却不是。他们的能力确实没能借由环境得到很好的发挥。我们让这些小精灵们处于与他们这个年龄的人所具有的活动或者语言能力不相称的绝对依赖状态。日常生活中，每天都有无数机会可以使孩子们受益，让他们了解正在发生的事情，做出回应和选择，由此锻炼决策能力。这种能力是所有人都想得到的，也是作为自由人所不可或缺的。

“你想吃饼干还是想吃面包和蜂蜜？”

“我们做土豆还是胡萝卜？”

“我们要用哪块桌布，绿色的还是白色的？”

“我们去动物园还是去看木偶戏？”

显然，无论何时我们都可以给孩子们二选一的机会，这样做不会有任何风险，相反会让他受益匪浅，因为我们明确表示他有能力选择，我们尊重他的判断。这是对他自我最好的滋养，使其更强壮，这就是危机的正面意义。目的是塑造一个受尊重并进而尊重他人与环境的有担当的人。在心理机能上决定要“饼干”还是要“面包和蜂蜜”并没有什么区别，正如以后人们选择太阳能还是核能一样。只有做选择的人学会周全考虑选择的后果，他才能合理地做选择。

> 我们在儿童之家特意询问孩子们的意见，尽可能让他们自己决定所有事情，习惯以民主方式行使权力。

这并不意味着他们可以随心所欲地做事情，而是我们从真实情景出发（我们只有饼干或者面包和蜂蜜，所以他们不可能要其他东西），给他们一次选择机会。如果孩子想要的东西我们手头没有，但可以买到，我们要对他说，现在没有，“不过咱们去超市时，你要提醒我买”。这么说包含尊重、体谅和合作之意，是对逆反危机最好的回应。在这里，与其叫“逆反危机”，不如叫“自我认知危机”更合适。这是向更高级成长阶段转换的时刻，父母们应该为之高兴，因为孩子的年龄、智慧和个性正在逐渐成熟。

3 岁的孩子已经是一个不凡的人，我们可以和他建立愈加平等的关系。通向其他重要心智发展的旅程开始了，诸如学习阅读、掌握其他文化才艺等。孩子参与和分享生活实践，能够提高自己的活动技能，意识到自我得到认可，同时把充分的智力投入到继续学习，而不是浪费在与环境无休止的对抗中。此时的环境还不理解孩子逆反的真实意义。家庭在为建立一种新型关系进行着另外一场较量。当然，我们可以选择民主方式，相信孩子有能力自己做出取舍。

> 对孩子的未来非常危险的是，让他们以为生活总是充斥着冲突，要想坚持自己的主张，就必须永远与他人抗争。

我们对孩子们，也是对人类未来的责任是，要给他们提供一个与他人相处的关系模式，其中包括对个人的尊重以及允许每个生活在一起的人表达各自的意见和做决定。所有这类教育要提早启动，甚至从孩子出生时就开始。到了 3 岁，孩子自己的处世模式已定型。他们需要自由、尊重，我们应该鼓励家庭和社会群体认可并实现这些价值观。

逆反期还是孩子开始更清晰理解时间概念，与过去和未来建立关系的时期。因此我们要倍加小心地做承诺，承诺了就必须兑现。这一点也是我们对孩子尊重和关心的具体表现。觉得他们年龄小、忘性大，这严重低估了他们的能力。当我们确实无法兑现承诺时，一定要道歉并提出替代性建议。孩子们很大度，不要求我们尽善尽美，只期望一种真诚的关系，为此我们必须表明我们的合作意愿。

教育是件难事，因为在教授情景中，我们要直面真正的自我，扪心自问是否真的相信自己所说的一切以及是否相信每个人都具有巨大的潜能。

> 我们必须决定改变自己，以便让那些与我们朝夕相处的孩子能够在一个充满生命助力的氛围中茁壮成长。

每个家庭和社会群体给予其所有成员教育的机会，但是唯有成人具有改变环境的能力，因此要利用它促进每个人成长。身体长到一定程度后就会停止，但心智不同，可持续成长，直到生命最后一刻。人的介入只要恰到好处，一切皆有可能。危机时期不仅有利于改变孩子，还有利于改变所有身在其中的人。最终结果要根据孩子为持续成长而获得的新的生理和心理能力来评判，不仅从年龄增长角度，还应从生命质量提高的角度总体衡量。

人的全面发展

人的全面发展

第十二章
教育与人类未来

“玛丽亚·蒙台梭利展望未来，提出人的潜能一旦得到充分开发，小学的课程将提前数年完成。

结论

由于生命最初几年得到有益帮助，3 岁大的孩子将成为十分出色的人。他能够准确地表达自我，处理所有生活事务（如自己穿衣、洗澡等），有效地参与环境中的各类活动。他形成自己的逻辑思维模式，凡事都要打破砂锅问到底，对自我也有了全面清晰的认知。

> 如果我们成人真正懂得顺应孩子的需求，引导他实现自我，3 岁大的孩子就会发自内心、自然而然地服从我们。

展现在我们面前的是这样一幅幼儿图像：他虽然只有 3 岁，仍然被认为太小，却是一个充满快乐和不知疲倦的人。他只有不断锻炼自己的能力才能得到满足，他的心智是无穷的，可以理解环境中的一切事物。

孩子做好继续进步的准备，将接受各种文化教养，但是首先要学习识字，这使他最终能获得质的飞越。当然，识字是一种技能，应该以完全不同于一般小学采用的教学方式教他。掌握这种技能既是必要的，也是迫切的，因为孩子在教育中会变得独立自主，可以从周围以文字表述的所有信息中获益。

自由活动有利于促进孩子身心发育，增强他在环境中表现自我的信心。现在他需要有运用符号的自由，也就是说有能力从书写文字中获取用语言符号所表述的知识。

玛丽亚·蒙台梭利展望未来，提出人的潜能一旦得到充分开发，小学的课程将提前数年完成。

如果对比一个 3 岁孩子成长的理想状态和实际状态，我们会发现人的全面发展受到多么大的阻碍和误导。

> 不少病态和“缺陷”（依赖、懒惰）导致孩子的行为喜怒无常，这其实只是他对不友善环境抗争的表现，也说明他丧失了人原本重要的特质。

看到人的未来遭受严重损害，真是可悲可叹！

3 岁大的孩子应该进入一个比家庭更大的环境中，那里的生活更加丰富多彩，不仅让孩子可以和其他人——成人及同龄人相处并建立良好关系，还特地为其心智成长提供恰当机会。这个环境就是所谓“儿童之家”，是玛丽亚·蒙台梭利为孩子们设计的第一个教育环境。她从中惊讶地发现了他们的智力能力和道德能力。之前没有任何环境可以让他们显露这些能力。

> 玛丽亚·蒙台梭利坚持认为，正是孩子们揭示了自己的秘密，但是我们知道，如果没有这样预设的环境，也不会有任何发现。

3岁大的孩子是人类非常重要的群体，对他们的教育必须托付给学校受过最佳训练的老师。老师们对这些充满好奇和热情的孩子负责，寻找正确的施教方法，以促进他们的个人成长。同时，还要深入了解孩子，知道他们的需求，掌握有针对性的教学技巧。

从3岁到6岁，孩子们巩固既有能力，同时获得基本的文化工具，即读和写。关于由谁引导他们走向这些里程碑，议论纷纷，莫衷一是。无论怎样，我们应该适时满足孩子的需求，可是我们几乎总是耽误，因为目前大部分幼教机构都推迟教授合适的课程。读和写的敏感期就在不经意间错过。孩子们不仅没有进步，反而退步了，尽管我们让他们开心地做很多事情，却不是他们现在这个成长阶段一定要做的事情。

要是幼儿的饮食中缺少某些物质，如维生素、矿物质盐或者足量蛋白质，那么会出现所谓隐性生理饥饿。在这种情况下，他感觉不到饥饿，可是他的身体，即生物自我却遭受着痛苦，因为缺少某些为保障其最佳成长所必需的物质。我们从外部看不出什么，孩子也显得很健康，然而一些重要的身体机能没有发育或者发育很慢和不良。这相当于那些为进入下一个心智发展阶段做好准备的孩子们，依然被限制在他们的实际能力之下。他们忙于一些只是看似有教育意义的活动，而他们真实的需求则是要通过读写能力的培养而融入人类文明。

这是孩子们成长的正常路径，得到世界各地“儿童之家”八十多年经验的充分印证。

> **如果一位成人懂得灵活运用经过科学设计制作的教具，那么在他充满爱意与智慧的引导下，孩子们对掌握读写技能会表现出极大的兴趣和乐趣。**

多年与孩子们接触的切身体会使笔者深信，胎儿期和从出生到 3 岁这个阶段奠定了人格形成的基础。3—6 岁阶段也很重要，此前发生的任何事情都会在这个时期继续下去，得到强化，必要时还会被校正。对那些没有得到恰当帮助的孩子们来说，3—6 岁这几年是他们“正常化”的最后机会，也是他们成长过程中宝贵的几年。

我们依然期待着在安排教育和教学课程时能够充分考虑孩子们成长的实际需求，真正实现有的放矢。我们虽然不否认最近几十年切实取得的进步，但同时必须承认，我们还没有采取一切可能的措施，确保孩子们从生命之初即开始的和谐、全面成长。

随着人类历史的前进，我们越来越清楚问题所在。每当这时，更好的方法应运而生。这些方法是人类伟大创造力的结晶，孕育于我们无限的心智潜能之中。

20世纪初，人们发现了幼儿的心理需求，并且提出了一个新的教育模式。科学的蒙氏教育尚未惠及所有孩子。本书意在推动教育工作者密切关注他们与孩子们的关系，后者期盼着我们的帮助和指导，以便能够开发自身的潜能。

1949年，也就是玛丽亚·蒙台梭利去世的前三年，她在意大利圣雷莫举行的第八届国际蒙台梭利年会上发表演讲。本届年会以“塑造人是全球重建的一部分”为题。她再次强调，“婴幼期是人生中最微妙的时期”，只有科学教育才能帮助和保护孩子们无限的心智活力，使其服务于他们的个人福祉以及实现天下大同的理想。这就是为什么蒙台梭利坚持认为：“教育工作者的任务具有广泛意义，因为人类进步和世界和平就掌握在他们手中。”

人的全面发展

参考书目

1. Paul D. MacLean, *A Triune Concept of the Brain and Behavior* (New York: Rockfeller University Press, 1970).

2. A. Montagu, *Growing Young* (New York: McGraw-Hill, 1981), p. 130.

3. T. R. Blakeslee, *The Right Brain* (London: Macmillan, 1980), p. 96.

4. M. Montessori, *Il Segreto dell'Infanzia*, p. 267.

5. A. Montagu, *Growing Young* (New York: McGraw-Hill, 1981), p. 188.

6. M. Montessori, *La Mente del Bambino* (Milano: Garzanti, 1953), p. 152.

7. Sir John Eccles and Daniel N. Robinson, *The Wonder of Being Human* (Boston and London: New Science Library, 1985), p. 108.

8. W. Penfield "Conditioning the Uncommitted Cortex for Language Learning", *Brain*, vol. LXXXVIII, pp. 787-798.

9. W. Penfield op. cit.

0—3 岁是儿童身心需要均衡发育的阶段，因为此后整个生命历程都将取决于他在这个最初阶段的发育质量。